BUR
rizzoli

24/7

Giovanni Allevi

LA MUSICA IN TESTA

BUR rizzoli 24/7

ISBN 978-88-17-03124-0

Prima edizione Rizzoli 24/7 marzo 2008
Prima edizione BUR 24/7 maggio 2009

C'è un momento in cui
tutto diventa chiaro.

L'inizio

È il 9 aprile del 1991, giorno del mio ventiduesimo compleanno.

Sono arrivato qui a Napoli da solo, dopo un lungo viaggio in treno, per fare il mio primo concerto lontano da casa.

Mentre mi portano in camerino, il mio sguardo cade su un pezzo di carta, appeso con lo scotch sulla porta a vetri della piccola sala da concerto: «Serata jazz. Giovanni Allevi. Pianoforte».

Serata jazz? Suonerò la *Partita in Do minore* di Bach, diversi brani di Chopin, cinque studi di Scriabin, Ravel e alcune mie composizioni. Serata jazz?

In camerino mi vesto.

Eccomi, sono pronto. La camicia è bianca con il colletto ben stirato, lo smoking è nuovo comprato apposta per l'occasione, le scarpe sono nere lucide e ho un po' di gel sui capelli corti. Lavo gli occhiali, come ultima cosa.

L'organizzatrice, con una voce un po' imbarazzata, mi dice che iniziamo alle nove in punto.

Perché è imbarazzata?

Faccio un sospiro e attendo.

Viene a prendermi. È seria e guarda per terra. Ci dirigiamo in silenzio verso la porta di vetro. Me la apre e mi invita a entrare.

Ora so che passare quella porta significava iniziare un'altra vita.

Ecco il pianoforte, le sedie, ma... non c'è nessuno! Conto solo cinque persone. Sedute, per giunta, in seconda fila. Ecco perché l'organizzatrice è imbarazzata: non è venuto nessuno a sentirmi.

«Buonasera, mi chiamo Giovanni Allevi. Grazie per essere venuti al mio primo concerto a Napoli.»

Ho la voce tremante. Ho recitato la frase a memoria con il sorriso sulle labbra, ma dentro sto morendo. Aveva ragione mio padre, quando mi diceva: «Ma chi te lo fa fare?». Chi glielo dice che non c'è nessuno? Vorrei sprofondare dalla vergogna. Una signora del pubblico, con un sorriso dolcissimo, prende la parola e con il massimo della gentilezza mi dice che se voglio, posso anche non suonare. Forse immagina la mia umiliazione.

«Ma no, già che ci siamo...» rispondo con leggerezza. In realtà, sul treno ho ripassato ogni nota del concerto centinaia di volte e non posso credere che tutta la mia attesa spasmodica si risolva in una bolla di sapone. Suonerò lo stesso. Ci tengo troppo a questo concerto e lo porterò a termine!

Inizio a eseguire Bach con piglio aggressivo, come se con la rabbia volessi scacciare la vergogna. Durante la lenta *Sarabanda*, nonostante sia concentratissimo sulla musica, ho la sensazione di poter percepire il singolo respiro di ognuna di quelle cinque persone, di poter monitorare ogni centimetro di quella sala da concerto. Dalla porta a vetri che è davanti ai miei occhi proprio in quell'istante entra una coppia molto elegante. Il signore con i baffi si guarda intorno e dice in modo plateale: «Ma non c'è nessuno!». Si gira e se ne va. Non dimenticherò mai il suo sguardo stupito e il rumore della porta alle sue spalle.

Ho una stretta al cuore. Eseguo il *Capriccio* finale cercando di scacciare i pensieri negativi, concentrandomi il più possibile sulle note. Quasi mi aggrappo a loro, come fossero la mia salvezza, anche se il linguaggio di Bach è impervio e difficoltoso. Suono l'ultimo accordo con grande intensità. Le dita restano premute sui tasti e prima ancora che le note finiscano di echeggiare nell'aria, parte l'applauso.

L'applauso... è forte.

I «miei cinque» sono pochi, ma applaudono forte, con un sorriso aperto, e non ne vogliono sapere di smettere. Vengo investito da un'emozione violenta e inaspettata, un'intensa commozione. Ho quasi il magone a vederli! Mi stanno applaudendo. Sono cinque, ma che importa? Sono il mio primo pubblico. Mi stanno ripagando del viaggio, del coraggio, delle ore passate a focalizzare le note nella mente. Solo ora mi accorgo della paura che ho avuto, della tensione che mi ha accompagnato in queste settimane. Il loro applauso scaccia la vergogna e al suo posto arriva un irrefrenabile entusiasmo.

Suono Chopin con tutta la mia passione, con tutto l'impeto, e con la coda dell'occhio scorgo una signora che tira fuori il fazzoletto per asciugare una lacrima. Che meraviglia! E chi se lo immaginava che fosse così?

A conclusione del concerto trovo anche il coraggio di suonare *Japan*, una mia composizione. Spero che il gesto non sia considerato troppo irriverente, ma i miei cinque me lo perdoneranno, ne sono sicuro.

Ci salutiamo come se fossimo vecchi amici e stranamente sono molto felice. Poche volte mi capita di guardare degli estranei negli occhi.

Poi torna la normalità, la realtà.

Non è stata prenotata per me alcuna camera d'albergo. Era il mio primo concerto, avevo altro a cui pensare e non l'ho neanche chiesta. Ma ho un forte spirito di adattamento. Nessun problema. Ho il treno al mattino presto e mi arrangerò nella sala d'aspetto della stazione. Ho già speso i miei risparmi per il viaggio, il concerto era gratis, non posso spendere altri soldi per dormire. È tanta la mia voglia di sparire che non mi cambio nemmeno e passo la notte alla stazione in smoking, seduto vicino a prostitute e senzatetto. Sembra che uno stesso destino ci accomuni.

Non dormo. Non voglio dormire. Sfoglio lo spartito di Bach, ne ammiro ancora la costruzione matematica e l'intreccio delle voci, ma per la prima volta, di fianco a quelle note, c'è il calore umano di un applauso, c'è l'immagine indelebile del sorriso commosso della signora, c'è lo sguardo stupito dell'uomo con i baffi, e nella battuta 22 della *Sarabanda* c'è anche il rumore della porta a vetri! Le prostitute si sistemano i capelli a vicenda creando improvvisate acconciature. Apparentemente la mia è l'immagine di un fallimento. Non dirò niente ai miei.

Appoggio lentamente la mano sullo spartito, tiro indietro la testa e mi abbandono a un sospiro. In questo preciso istante capisco che la musica è la mia vita!

Napoli, Auditorium Scarlatti, quindici anni dopo

Prima data italiana del «No Concept Tour 2006» del compositore e pianista Giovanni Allevi, dopo i successi in Cina e in America.

Biglietti esauriti.

L'Auditorium è preso d'assalto. Nonostante sia tutto esaurito da giorni, molte altre persone si accalcano all'entrata nella speranza di trovare un posto in piedi. Il personale del conservatorio è in tilt: «Il telefono non smette più di squillare per le prenotazioni dei biglietti». Mi dicono che hanno dovuto riaprire la balconata superiore, chiusa da anni, e gli inservienti si sono lamentati per l'improvviso lavoro necessario a ripulirla dalla polvere e renderla accessibile al pubblico.

La mia entrata sul palco è accolta da un applauso assordante.

Nei giorni precedenti ho rilasciato diverse interviste, nelle quali ho manifestato tutta la mia gioia per quello che è considerato il mio primo concerto a Napoli. Ma non è il primo...

Suono le mie composizioni dall'album *No Concept* e sono talmente emozionato che l'esecuzione è affrettata e il mio spirito perfezionista ne rimane un po' deluso. Il pubblico comunque mi vuole bene e quando mi alzo dal pianoforte per ricevere il primo applauso, mi accorgo dell'impressionante quantità di gente venuta per me.

Come in un sogno, con la vista appannata da una lacrima, rivedo sedute lì, in seconda fila, quelle cinque persone. Non le dimenticherò mai, non voglio dimenticarle. Mi hanno insegnato che la musica non è questione di numeri, ma di emozioni vissute da individui e ogni persona è unica e irripetibile, a suo modo infinita. Me le immagino lì, ad applaudire insieme agli altri, con il sorriso fiero, come se dicessero: «Vedi quanti siamo adesso?».

Dopo il concerto decido di incontrare il pubblico ed è una festa. Tantissimi ragazzi mi attendono per una foto o per un autografo, e io non voglio perdere nessuno di quei sorrisi.

A fare la fila c'è anche una signora. Impaziente. Vuole dirmi qualcosa in mezzo alla confusione e mentre si avvicina, è quasi costretta a gridare: «Maestro, mi riconosce?». La guardo incerto e le stringo forte la mano. Mi sorride con gli occhi lucidi.

«Maestro, sapete che non è la prima volta che ascolto un vostro concerto a Napoli... Voi siete sempre così bravo! Solo che quell'altra volta eravamo in cinque a sentirvi!»

La chiave del pianoforte

Sono sempre solo.

In preda a una sottile ansia.

Per vincerla ho escogitato un sistema: guardo dentro i cassetti. A casa ce ne sono tanti. Li apro e li frugo uno a uno. So bene cosa nascondono, eppure ogni volta torno.

Oltre agli oggetti ci sono delle scatoline: apro anche quelle e mi soffermo sul loro contenuto. I cassetti sono un'esperienza per i sensi. Non solo per il tatto e la vista, ma soprattutto per l'olfatto. C'è l'odore delle matite, della carta pentagrammata, della gomma e dell'inchiostro che mio padre usa per scrivere le note.

Aprire e passare al setaccio tutti quei cassetti è un modo per non pensare.

La stessa cosa avviene nel bagno, dove annuso i profumi di mia madre e provo a mischiarli, magari con il bagnoschiuma, sperando di ottenere chissà quale fragranza nuova. Poi rimetto tutto a posto, cancellando ogni traccia del mio passaggio.

Sono stato tentato di fare lo stesso a casa di qualche compagno di scuola, ma poi mi sono sempre trattenuto.

So anche che, in cima a un armadio, c'è un cofanetto con i gioielli della nonna: anche in questo caso ho paura e non lo tocco.

I miei genitori insegnano nelle scuole con il tempo pieno e io nel pomeriggio resto sempre solo a casa. Allora ho campo libero.

Con il passare dei giorni, dentro i cassetti, di cui ormai conosco a memoria il contenuto, noto alcuni spostamenti. Un giorno, nel mio cassetto preferito, quello della scrivania di mio padre, in sala, vedo una scatolina di plastica gialla che non avevo mai visto prima. La apro e dentro trovo una chiave, grande, d'argento, incisa, lucida e splendente.

Proprio oltre il tavolo, davanti ai miei occhi, c'è il bel pianoforte verticale Bachstein, che è sempre chiuso a chiave. Lo ha comprato mio padre da giovane, facendo, come dice sempre, tanti sacrifici. Solo mia sorella maggiore ha il permesso di studiarlo e suonarlo, chiusa in sala per non essere disturbata. Io posso ascoltarla da dietro la porta di vetro lavorato.

Ancora non capisco bene per quale motivo mio padre lo tiene chiuso. Forse per gelosia verso uno strumento così prezioso: ha i tasti d'avorio ed è tedesco, viene cioè dalla patria della musica classica. O forse mio padre teme di disturbare i vicini suonando troppo spesso. O perché una volta mi ha visto giocare con i tasti, premerne tanti tutti insieme, anche con i pugni, come farebbe qualsiasi bambino. «Il pianoforte è una cosa seria» ama ripetere.

Io non ho grandi divieti, posso muovermi liberamente per la casa, posso avventurarmi da solo per la campagna dietro il cortile. Sono bravo, religioso, sempre obbediente e silenzioso. Ma il pianoforte non posso toccarlo. E per un bambino, il divieto del padre è grande quanto una montagna.

Rimetto la chiave nella scatolina di plastica, colto da un improvviso senso di colpa.

Il giorno dopo sono di nuovo lì, con quella chiave tra le dita.

So che non verrà nessuno, ma la paura è troppo grande.

Sento una forza irresistibile che mi spinge ad aprirlo. Così decido di farlo. Dopo lo scatto della serratura, ecco la visione splendente della tastiera, e l'odore di pianoforte, di legno antico, di olii e polvere, e un leggero sentore di alcol con cui mio padre pulisce spesso i tasti, imbevendo un batuffolo d'ovatta.

Mi siedo sullo sgabello e i miei piedi non toccano terra.

Con il cuore in gola appoggio le mie piccole dita sulla tastiera fresca e accarezzo lentamente l'avorio. Sotto le dita sento anche qualche briciolina di gomma, un residuo di cancellatura degli appunti presi da mia sorella.

Un brivido lungo la schiena, le orecchie tese... qualcuno che sale le scale!

Chiudo il coperchio in fretta e rimetto tutto in ordine, come se nulla fosse. Ora ho un appuntamento quotidiano, pomeridiano, con la trasgressione dell'unica regola insormontabile che mi è stata imposta.

Un giorno avvicino la testa alla tastiera e noto che posso specchiarmi sul coperchio lucido. Ho i ricci castano chiaro, quasi biondi, e sono convinto di essere brutto. Per questo non voglio vedere mai nessuno.

Provo allora a fare il salto nel buio e abbasso un tasto.

Sono investito da una luce fortissima, una sola nota invade tutta la mia percezione. Qualcosa di prepotente infrange il silenzio ripetuto dei miei gesti, un suono solo irrompe nel mio cuore e io non sono più lo stesso.

Un solo suono.

Non lo sto prendendo a pugni come teme mio padre, ma sto ricevendo, con la sensibilità esagerata di un bambino di cinque anni, le vibrazioni elettriche, luminose e definite, di un solo suono, con il busto proteso, gli occhi chiusi, i ricci riflessi sul coperchio e le orecchie vicino ai tasti.

Il tempo non esiste più e la compulsiva sequenza pomeridiana dei miei gesti insensati fra i cassetti viene bruscamente interrotta da un suono, limpido e chiaro come la luce del mattino.

Nella mia famiglia sento dire spesso che la musica è una «straordinaria combinazione di suoni». Ripetono che non è un gioco ma una pratica durissima, che ti costringe a studiare ore e ore e ad affrontare enormi sacrifici. Che non ci si guadagna. Che non puoi farti una famiglia. Solo lavoro e studio rigoroso. Così come ha fatto mio padre, che si spaccava il labbro fino a vedere il sangue sull'ancia del clarinetto, ma per fortuna ha vinto il concorso come insegnante alle magistrali, quindi può permettersi di non suonare più. Così come ha fatto mia madre da ragazza, grande cantante lirica, che per fortuna ha vinto il concorso magistrale ed è diventata maestra, quindi può permettersi di non cantare più. Anche mia sorella sta studiando ore e ore ogni giorno, ma verrà il tempo in cui troverà un lavoro serio. Forse, chiudendo il pianoforte a chiave, vogliono proteggermi dai «pericoli» della musica!

Se la musica, come dicono loro, è una combinazione di suoni, perché a me basta ascoltarne uno solo?

Qualunque cosa stia facendo, dalla merenda al disegnare le prime lettere dell'alfabeto a scuola, il mio pensiero fisso è di tornare davanti a quei tasti.

Scopro gli accordi. Non mi interessano le melodie, troppo aleatorie, ma premendo «un tasto sì e uno no», posso mettere insieme una combinazione di note che, se suonate contemporaneamente, risulta molto gradevole. Addirittura mi soffermo per mesi sull'accordo Do, Mi, Sol, La. Crea una serenità melensa, quasi stomachevole e imbarazzante. Decido che non l'utilizzerò mai più. (Cosa che evito di fare accuratamente anche oggi.)

Passano i mesi e io capisco, ma soprattutto sento, che quei tasti racchiudono un giardino di meraviglie.

Inizio anche ad ascoltare dischi di musica classica, unico genere presente a casa, e rimango folgorato dai *Preludi* di Chopin suonati da Maurizio Pollini. In particolare *Preludio in La maggiore*, con la sua melodia chiara e semplice. Mentre il disco gira in sala, le mie piccole dita cercano quella melodia, avventurandosi anche nel misterioso mondo dei tasti neri.

Nel corso dei mesi, degli anni che seguono, sempre di nascosto dai miei genitori, faccio subentrare la mano sinistra; capisco, anzi sento, che ogni accordo può essere suonato a partire da uno qualunque dei dodici tasti dell'ottava, fino ad approdare a una cosciente consapevolezza della tonalità.

Ma non appena avverto delle voci che si avvicinano alla porta di ingresso, chiudo tutto, pur lasciando acceso il giradischi con il volume alto, per nascondere i miei gesti frettolosi.

Ascolto la *Turandot* di Puccini per intero tutti i giorni, a gambe incrociate sul divano, e poi, quando i compiti me lo permettono, il *Concerto in Fa* per pianoforte e orchestra di Gershwin.

E immagazzino, assorbo musica come una spugna: timbri, melodie, sequenze armoniche, strumentazioni orchestrali. Mi accorgo anche di riuscire a riconoscere le note che ascolto con la stessa facilità con cui distinguo i colori.

Non ho mai detto nulla a mio padre. Non posso rivelare il mio segreto. E se mi volesse nascondere la chiave del pianoforte?

Inizio a stare a casa il meno possibile quando ci sono i miei genitori e passo il tempo chiuso in uno scatolone di cartone nel garage sotto casa, per sentirmi protetto dall'ansia e per dirigere, in piena libertà, l'enorme orchestra sinfonica che ha iniziato a suonare ininterrottamente nella mia testa.

Posso anche decidere di farle eseguire i brani che voglio: dal *Concerto in Sol* di Prokofiev al *Così parlò Zarathustra* di Richard Strauss. E rimango inerme, in ascolto, per ore.

Il mio rapporto quotidiano con l'immensità della musica mi rende un bambino troppo rispettoso di qualunque cosa: sono chiuso nel mio mondo di note immaginate; per questo vengo spesso preso in giro dai compagni, senza poter contrapporre loro un briciolo di energia.

Certe volte, mentre si mangia a tavola in cucina, si produce accidentalmente qualche suono, magari urtando un bicchiere. Allora mio padre dice: «Questo è un Si bemolle».

Ma io nella mia mente rispondo: «Secondo me è un La bemolle... È un La bemolle».

Viene l'esame di quinta elementare e il giorno dopo la recita nel teatrino della parrocchia. La mia parte è l'uccellino. Una sola entrata e una sola battuta: «Sono l'uccellino Cip Cip!» con la voce in falsetto e con un balzo in avanti.

I miei genitori vengono a vedermi.

Quando tocca a me, entrando sul palco mi accorgo che dall'altra parte c'è un vecchio pianoforte verticale.

Per tutta la durata della recita non penso ad altro e non lascio un attimo lo strumento con lo sguardo. Quando alla fine siamo richiamati per ricevere l'applauso, in ordine di importanza, io sono l'ultimo. Attraverso il palco senza neanche guardare il pubblico. Vado dritto al pianoforte. La sensazione è quella di aver commesso una marachella e di averla fatta franca.

Sento l'attenzione di tutti concentrarsi sul mio gesto e per un attimo immagino lo sguardo interrogativo di mio padre.

Scelgo Chopin, proprio il *Preludio in La maggiore*.

Percepisco lo stupore generale che in pochi secondi si trasforma in silenzio assoluto, mentre le mie piccole dita si arrampicano a orecchio su quelle dolci note, con un solo grande rammarico: il pianoforte è scordatissimo e i tasti sono gialli e ruvidi.

Non lo suono tutto, giusto l'indispensabile perché la melodia compia il suo mirabile arco.

Al termine arriva uno scrosciante applauso.

Ma io provo immediatamente vergogna per quello che ho fatto e decido di fuggire, di fare finta di non aver mai suonato. Ho svelato a tutti il mio segreto. Come è possibile? Mio padre mi punirà. Come ho potuto tradire la fiducia dei miei genitori in modo così plateale? Mi sarà negata la musica e quella chiave per sempre!

Voglio solo fuggire, fuggire dalla voce grossa di mio padre. So che mi sta cercando.

Alla fine mi trova. Mi scompiglia i ricci con la sua mano forte, ma non ho il coraggio di guardare la sua espressione.

A pranzo non diciamo nulla e io parlo della recita, solo di quella.

Nel pomeriggio mi portano in una strana scuola, a farmi conoscere una dolce signora.

Anche lei mi guarda e mi scompiglia i capelli.

Alla luce della grande finestra sul salone, cercando il mio sguardo, mi saluta sorridente: «Sono contenta di tirar su un musicista!».

È la mia futura insegnante di pianoforte.

Piego attentamente lo smoking

Arezzo, Circolo culturale

Mi sono da poco diplomato in pianoforte e vengo invitato a partecipare a un bellissimo festival, «Pianofortissimo», che si svolge al Circolo culturale di Arezzo.

In una sola serata si esibiscono diversi pianisti, alcuni appena diplomati come me, altri con una carriera concertistica già avviata, o vincitori di concorso. Io suono tra questi ultimi. Eseguirò due brani di Chopin, lo *Scherzo in Si bemolle minore* e il *Preludio n. 16 in Si bemolle minore*, e un mio brano, *Sogno di Bach*. I miei colleghi sono davvero bravissimi e mi colpisce molto un signore che suona proprio prima di me: scopro che ha quarantaquattro anni e ha iniziato a studiare pianoforte a trentatré. Ha una tecnica strepitosa.

Sono io l'unico che viene da lontano e in segno di riconoscenza per il sacrificio del viaggio (otto ore tra pullman e treno) suono per ultimo, come se fossi l'ospite d'onore.

Il recital termina e iniziano i saluti tra i reciproci e sinceri complimenti. Tutti gli altri pianisti hanno già avuto modo di cambiarsi d'abito mentre io, essendo l'ultimo, affronto il commiato finale ancora in smoking. Ci si avvia verso l'uscita.

«Aspettatemi... vado a cambiarmi!» dico genericamente al gruppo.

Torno nella stanza adibita a camerino, piego attentamente lo smoking nel portabiti, sistemo la camicia e preparo il bagaglio. Quando esco, trovo le luci spente.

«Scusate? Dove siete?» domando per scherzo, ma la verità piomba all'improvviso nella mia mente: mi hanno lasciato nel Circolo culturale.

Ok, niente paura. Mi dirigo verso il portone. Non si apre! È chiuso a chiave dall'esterno.

Ormai è matematico: sono chiuso a chiave nel Circolo culturale di Arezzo. Sembra incredibile, ma passerò qui la notte. Il cellulare ancora non si usa, è buio e fa freddo. Cerco un telefono su qualche scrivania. Non c'è. Trovo solo un telefono a gettoni attaccato a un muro. Non ho spicci. E poi non saprei chi chiamare. Vengo preso dal panico. Vado verso la finestra che dà su un corso molto affollato. La apro e guardo le persone. Che faccio? Chiedo aiuto? Mi metto a urlare: «Aiuto! Sono un pianista rimasto chiuso dentro la sala da concerto!»? Finirei su tutti i giornali locali. Non ne ho il coraggio.

Chiudo la finestra.

Sai che faccio? Mi metto a fare gli scivoloni sul pavimento di marmo. Sì! Prendo la rincorsa e via. Che bello! Sono euforico. Poi torno al pianoforte, nel salone buio e vuoto. E suono, suono. Tutto! Da Bach a Scriabin, poi prendo a pugni i tasti, e poi ancora improvviso. E ancora scivoloni sul pavimento. Poi sono un immaginario 007 e inizio a muovermi in modo furtivo tra le stanze. Trovo la scrivania del capo. Mi siedo sulla poltrona, fingendomi presidente del Circolo culturale, e immagino di ricevere il giovane pianista Allevi.

«Allora giovanotto, cosa c'è?»

«Buonasera presidente, sono rimasto chiuso qui dentro...»

«E cosa intende fare?»

«Come prima cosa ho pensato di chiedere consiglio a lei.»

«Credo debba sbrigarsela da solo. Ha provato a chiedere aiuto?»

«Mi vergogno.»

«Ha provato a fare gli scivoloni? Il nostro pavimento è molto liscio. Io spesso sono tentato di farli, ma la mia posizione non me lo consente.»

«Ne ho approfittato, ma non credo sia servito a molto.»

«Provi ancora!»

Torno a fare gli scivoloni, è divertentissimo.

Di nuovo alla scrivania.

«Presidente, dovrebbe provare anche lei, magari quando non c'è nessuno!»

«Giovanotto, non diciamo fesserie. Ha provato a telefonare?»

«Non ho spicci.»

«Controlli bene!»

Ha ragione. Torno al bagaglio e inizio a frugare in tutte le tasche. Trovo una moneta da duecento lire, con cui posso fare una sola chiamata. Ma a chi telefono a mezzanotte passata? Alla polizia? Guardo la moneta: «Sei la mia unica possibilità».

La inserisco nella fessura e compongo il numero del maestro che mi ha invitato al festival. Mi dispiace disturbarlo a quest'ora. Non lo disturbo comunque perché sbaglio numero! Mi risponde un signore assonnato. «Senta, le sembrerà assurdo, ma sono rimasto chiuso dentro il Circolo culturale di Arezzo. E non è uno scherzo!» Non faccio in tempo a sentire la sua risposta che cade la linea. Non ho altre monete. Sembra un messaggio lasciato dentro una bottiglia. Mi avrà creduto quel signore? Devo trovare un punto per passare la notte, un divano, e qualcosa per coprirmi perché inizio a sentire freddo. Ma prima... prima, ancora un po' di scivoloni!

E proprio mentre prendo la rincorsa, sento il rumore meraviglioso di una chiave che gira dentro una serratura. È il custode del Circolo culturale, è venuto a salvarmi! «A cena si sono accorti della sua assenza. Hanno pensato a tutte le ipotesi possibili... E poi per ultima anche a questa, la più assurda!»

Lo ringrazio e vado a prendere i bagagli. Stiamo

per uscire quando dico al custode di aspettarmi un attimo. Torno alla scrivania.

«Presidente!»

«Allora, giovanotto?»

«Tutto risolto! Ma mi faccia una promessa...»

«Mi dica.»

«Domani, quando non c'è nessuno, faccia uno scivolone. È divertente, vedrà!»

«Arrivederci, giovanotto.»

L'acqua, le mani e la tastiera

L'acqua, calma e limpida, riesce nella sua quiete a raggiungere i più remoti e bui interstizi. Con indifferenza sovrumana conquista qualunque spazio, totalmente, senza alcun gesto violento, senza intenzione, così, semplicemente; tutto può sommergere e coinvolgere nel suo naturale silenzio.

E ciò che da lei è conquistato, per nulla soffre del suo limpido abbraccio, anzi, quasi si conserva nel cristallino nitore: guadagna in trasparenza e leggerezza.

La calma acqua fatta di umili goccioline riposa in oceaniche grandezze.

Noi dobbiamo trasformare le nostre mani, avambracci e dita, in acqua.

Per far ciò, è necessario prima di ogni cosa immedesimarsi nella sua caratteristica peculiare: la passiva e calma indifferenza.

Così le dita non servono più, perdono la funzionalità e il senso di appartenenza: non sono più mie, ma della leggerezza che mi circonda. Questo è un atteggiamento fisico e prima ancora mentale: lasciar fare, lasciar essere, lasciar danzare, fare silenzio e ascoltare.

Se vuoi proprio ascoltare qualcosa, c'è il tuo respiro, che da anni ingloba in te fluido elastico.

Ogni tensione muscolare, residuo di durezza solida, lascia spazio alla fluidità liquida, che è essenzialità dei movimenti, lentezza e velocità e, come per incanto, le dita trovano il loro posto ideale fra i tasti, la giusta distanza, il giusto peso, come l'acqua preme allo stesso modo un fondale sconnesso.

I tasti si lasciano accarezzare e tutti sono ugualmente raggiunti; non c'è più competizione fra tastiera e dita, non più conflitto, ma calda intesa cui seguirà un'inesorabile azione.

Tale divina condizione è appesa a un filo di seta sottilissimo, basta la forza del più piccolo dei pensieri per spezzarlo... ma è in questa direzione che dobbiamo andare.

Un giorno avevo preso una piccola rana e mentre ne osservavo incuriosito le stranissime fattezze, è saltata via dalla mia mano per cercare rifugio in un anfratto pieno di oggetti; per ritrovarla ho seguito con lo sguardo ogni punto, freneticamente, senza risultato. Prima di abbandonare l'impresa, ho pensato di osservare il luogo con sguardo immobile, senza concentrarmi su un unico punto, ma cercando di cogliere la totalità indistinta dell'immagine che avevo davanti.

Ora, nella grande foto piena di oggetti inanimati, un

particolare reclamava attenzione, per il semplice fatto di essere l'unico in movimento: la rana.

Noi sottovalutiamo la potenza della passività; e ci ostiniamo a opporre la nostra energia a quella dell'intero universo.

Invece, se impariamo a fare silenzio, saremo in grado di cogliere l'eterna danza che ci circonda.

L'audizione

Mi sono trasferito a Milano da due anni per inseguire il mio sogno. Studio composizione al conservatorio Verdi. Ho appena pubblicato il primo album di mie composizioni per pianoforte solo, ma non è cambiato nulla. Continuo a cercare la mia strada. Intanto, di sera, faccio il cameriere nei catering per mantenermi. Non voglio usare la musica per arrivare alla fine del mese. La musica per me è un valore assoluto, un fine e non un mezzo.

Oggi c'è la mia audizione.

È un concorso interno riservato agli alunni del conservatorio di Milano, per essere segnalati alla Società dei Concerti ed eventualmente inseriti nella stagione concertistica.

Ho un bisogno viscerale di esprimere la mia musica, e ho dovuto lottare per avere l'audizione perché sarebbe riservata agli studenti di strumento, mentre qui sono iscritto al corso di composizione.

Arrivo alle otto; aspetto e poi mi rimandano alle tre del pomeriggio. Pazienza. Torno nel mio monolocale. Ho lasciato le luci accese e il rubinetto aperto. Mi capita quando sono concentrato. Provo a dormire, inutilmente. Torno alle due e mezza. Sul palco della Sala Verdi si esibisce un chitarrista che viene continuamente interrotto: suona solo un quarto d'ora. Poi il direttore scandisce il mio nome: «Ora facciamo l'ultimo: Allevi».

Mi avvicino timidamente.

«Quanto dura la sua esecuzione?»

«Sessanta minuti esatti!»

E lui laconico: «Noi non facciamo suonare più di un quarto d'ora, quindi scelga lei cosa eseguire».

Questo cambio di programma mi mette subito in crisi. Ho il cuore in gola e non riesco quasi a respirare.

Sono l'unico, tra tutti i candidati, a suonare musica propria. È stato davvero difficile farlo capire perfino in segreteria, dove non volevano nemmeno ammettermi all'audizione. Ma il programma è a libera scelta, quindi nessuna regola vieta l'esecuzione della propria musica. Comunque, con un breve discorso introduttivo, spiego alla commissione che ascolteranno mie composizioni. Per loro è un momento di routine, mentre io vivo questa esecuzione con ogni mia cellula: sto mettendo in gioco la mia anima, totalmente!

Mi siedo al pianoforte, mi tolgo la felpa che lascio cadere sul pavimento, sistemo lo sgabello. Tutto intorno è estraneo e ostile, ma so che la musica è con me.

Durante le prime note di *Monolocale 7.30 a.m.* capisco che sarà molto dura: la meccanica del pianoforte è lenta e nel pianissimo alcune note non suonano. Ma la cosa più fastidiosa è un tremore alle dita che sembra voler aumentare; è chiaro che dietro il mio contegno si cela una fortissima tensione. Suono più con la testa che con le mani: è come disegnare un quadro con un pennello lungo due metri tenuto dall'estremità. Non ho il tempo necessario per lasciarmi andare, per gestire tutta la mia energia; mi posso solo rifugiare nella freddezza del pensiero. Ma so che la commissione mi sta giudicando, non ascoltando. È per questo che mi tremano le mani.

Dopo il terzo brano il direttore mi dice: «Un altro, poi basta». Decido per *Piano karate* e finisco la mia esecuzione tra quelle note dissonanti. Senza rimpianti. Ho il fiatone. Mi guardo intorno e solo ora mi ricordo dove sono. In quei pochi minuti la Musica mi ha portato via.

Metto a fuoco la Sala Verdi: è completamente vuota. La commissione è composta di cinque o sei persone sedute un po' distanti in mezzo alla platea, e tra queste il direttore, che si alza in piedi rompendo il silenzio.

Pesa le parole che mi investono come macigni: «Se fossi uno dei miei predecessori, come Pizzetti, la caccerei immediatamente dal conservatorio!».

Gelo in sala.

E con fare sbrigativo si siede raccogliendo un po' di fogli.

Io riprendo le mie cose, vado a salutare la commissione, poi dico con un timido sorriso: «Non ho capito bene quella cosa di Pizzetti...».

Il direttore mi ripete un po' seccato: «Ci sono stati miei predecessori, come Pizzetti e Abbado, che avevano una predilezione o per la musica sacra o per la contemporanea...».

In un lampo capisco che la mia musica, non essendo né sacra, né dodecafonica, non può avere nessuna possibilità.

Si intromette un altro membro della commissione: «Ma a quel tempo Keith Jarrett non era ancora nato».

Gli sorrido grato.

Si è intanto radunato nella sala un piccolo gruppo di studenti incuriositi, che si affacciano da dietro le tende di velluto: «Ma che musica è? Chi è quello lì?» bisbigliano. Io passo tra loro come in *trance*. Me ne vado confuso.

Torno a casa, ho bisogno di pensare. Telefono ai miei, parlo con mio padre che ci rimane male. Persino mia madre è delusa. Penso di aver destabilizzato, di aver osato andare contro il sistema della musica «contemporanea», contro le aspettative. Come dice Hegel, in questi casi le possibilità sono due: o vinci e apri una nuova strada, o vieni allontanato perché sei una minaccia per il vecchio ordine. Sì! L'affermazione del direttore deve essere interpretata all'interno di questa ottica, solo che non ho ancora capito se ho vinto o perso. In fondo, a giudicare non è un individuo, ma una delle più importanti istituzioni musicali che ci sono in Italia. E il conservatorio è per definizione un luogo di conservatori.

Piove a dirotto, sono sfinito ma decido di tornare là, per parlare ancora con il direttore. Qualcosa mi dice che devo affrontarlo, devo capire cosa è successo e soprattutto perché. La sua segretaria mi spiega che devo prendere appuntamento e non se ne parla prima di una settimana. Svolge perfettamente il suo lavoro. È più importante mantenere l'ordine che dare retta a un ragazzo spaurito. Temo davvero che verrò cacciato. Lo so, sarebbe impensabile, ma sono stanco e confuso, quindi non ho più il controllo razionale delle cose.

Il direttore è lì, dentro il suo ufficio e prima o poi dovrà uscire da quella porta... Lo attendo seduto e guardo attonito il viavai di studenti nel corridoio.

Finalmente esce. Gli sorrido, mi riconosce e si complimenta: «Bravo!».

Va a fare delle fotocopie e lo seguo.

«Mi scusi, parlare con lei è un'impresa molto difficile...»

«Certo, ma venga con me nel mio ufficio.»

«Lo sa che oggi mi ha spaventato?» oso dirgli.

«Anche lei, anche lei.»

Che strana risposta. Cosa vorrà dire?

Entriamo in direzione, lui chiude la porta e riprende: «Lei oggi ha suonato qualcosa di... di... geniale! Che si trova a metà strada tra la musica classica e il jazz... è interessante, voglio farla conoscere al presidente». Esce e poco dopo rientra proprio con il presidente del conservatorio, a cui spiega tutto ciò che ho fatto, con un entusiasmo che non avrei mai sospettato.

Il presidente incuriosito esclama: «Voglio ascoltarlo! Qui c'è il pianoforte».

E infatti c'è un piccolo pianoforte a coda dal suono insolitamente dolce. Attacco *Piano karate*. Secondo il presidente, nella mia musica si riconosce l'eco di Chick Corea e Béla Bartók. Entrambi, il presidente e il direttore, hanno un'aria da professionisti, nei completi con giacca e cravatta, ma vedo nei loro occhi un entusiasmo da bambini. È meraviglioso come la musica abbia la possibilità di salvarci dall'irrigidimento, dalle convenzioni a cui tutti andiamo incontro e farci tornare uno stupore incantato nei confronti delle cose.

Me ne vado al settimo cielo, convintissimo, a questo punto, di aver superato l'audizione.

Ritelefono ai miei in preda all'euforia e racconto per filo e per segno tutto quanto è accaduto nella direzione. Per la prima volta, dopo due anni di buio, di sacrifici, di solitudine nel mio monolocale, di studio angoscioso e tentativi falliti, vedo una luce!

I risultati dell'audizione vengono esposti dopo un mese e così, per scrupolo, vado a controllare nella bacheca di fronte alla segreteria. Risultato delle audizioni libere. A un primo colpo d'occhio non sono sulla lista, quella decina di nomi, degli idonei. Provo un senso di vergogna.

Rileggo!

Niente, non ci sono. Mi sento avvampare.

Fuggo. Poi penso: forse non ho letto bene, come quella volta sull'articolo del Palaeur, dove ero talmente convinto di non essere stato citato da non vedere il mio nome, anche dopo ripetute letture.

Torno, rileggo la lista per due volte, scandendo bene mentalmente tutti i nomi. Niente, proprio non ci sono.

Vergogna... per aver detto a qualcuno di aver superato le audizioni prima che uscissero i risultati.

Delusione, senso di colpa... Forse non ho suonato bene... Forse sono solo un pivellino di provincia. Forse quando il direttore ha detto di volermi cacciare dal conservatorio diceva sul serio. Ma allora, il suo «Bravo!» e tutte quelle belle parole nel suo ufficio? Ci deve essere un errore! Ma la verità è che il mio nome non c'è, su quel foglio.

Torno a casa.

Inizio a piangere. Nel mio monolocale mi sento incredibilmente solo, lontano dalla mia famiglia, in una città estranea. Non pensavo che inseguire un sogno sarebbe stato così duro.

Vado al Teatro dei Filodrammatici, dove collaboro al

pianoforte alla realizzazione di un'opera di Shakespeare. Mentre improvviso in sintonia con i movimenti di scena, continuo a chiedermi come sia possibile.

Poi, finita la prova, mi metto a suonare: i ragazzi, gli attori, tutti si siedono in silenzio attorno a me ad ascoltare. Sono increduli, non hanno mai sentito le mie composizioni, non ho mai permesso loro di avvicinarsi al mio mondo. Il pianoforte verticale ha un suono bellissimo, tutto è buio sul palco. Ho un nodo in gola che quasi mi fa male. Sento che sto per mettermi di nuovo a piangere. Trattengo a stento le lacrime per darmi un contegno e spiego a tutti cosa è accaduto: l'audizione, la speranza, la solitudine, la mia disillusione. I ragazzi si stringono intorno a me solidali. Sanno bene che la mia storia li riguarda tutti da vicino: anche loro, come me, stanno inseguendo un sogno.

Andiamo a mangiare qualcosa e anche se l'angoscia è ancora presente sento che per me loro sono un dono. Li tempesto di domande, voglio capire quali sono le motivazioni che li spingono ogni sera a salire su un palco, per affrontare una vita di passione e di insicurezza.

Il mio cuore è in subbuglio! Comincio a pensare che l'insuccesso è una prova che devo superare, che non ho mai affrontato prima di oggi in maniera così diretta.

Grazie amici! Forse vi ricorderete di me, di quel mio piccolo concerto nel buio. Io vi porterò sempre nel mio cuore, perché mi avete ascoltato, e non giudicato.

Sono tentato dall'idea di non avere possibilità. Gli avvenimenti esterni cercano di convincermi a lasciar perdere, che non c'è la *mia* strada, ma quella che il sistema ha deciso per me.

Ma provo a difendermi. La filosofia mi aiuta in questo. Il Concettualismo, centro dominante della musica che mi si chiede di scrivere, rischia di interrompere il contatto con la sorgente energetica che è dentro di me, indiscutibilmente. La musica contemporanea che imparo qui, non mi sembra musica; la dodecafonia, il serialismo, sono tecniche. Meravigliose, sorprendenti, sterili tecniche.

Come faccio a difendere la mia identità, l'energia umana, vitale che è dentro di me? Ora sono avvolto nel dubbio.

Devo fare una scelta. Riuscire a essere me stesso o dare all'Accademia ciò che mi chiede?

È assurdo! Perché la ricerca musicale, anziché essere libera, è orientata verso le aspettative di una casta dominante? Una microsocietà dove pochi eletti parlano una sola lingua, dove vigono gerarchie?

Io voglio scrivere la mia musica, *devo* scrivere la mia musica, altrimenti non respiro!

Do uno sguardo al mio monolocale. È disordinatissimo. Il letto è sfatto e sulla scrivania ci sono montagne di libri, di partiture e fogli pentagrammati. Ho da poco concluso un mio *Quartetto* dodecafonico secondo un rigorosissimo procedimento strutturalista: attraverso combinazioni di note, grafici e metodi matematici, posso stabilire a priori cosa suoneranno tutti gli strumenti. È affascinante. Ma la musica... dov'è? Torna a invadere la mia mente la cascata di note di *Monolocale 7.30 a.m.*, con tutta la sua carica di entusiasmo. Io devo suonare la mia musica davanti a un pubblico. Devo fare qualcosa! Sono ossessionato da questa idea: devo osare a qualsiasi costo altrimenti a nulla serve il sacrificio di essere qui, lontano da casa.

Cerco sull'elenco telefonico l'indirizzo della Società dei Concerti. Sì, proprio la società alla quale speravo di essere segnalato attraverso l'audizione.

Preparo una copia delle registrazioni dei miei brani (che poi entreranno nel mio album *Composizioni*), aggiungo il mio curriculum, scrivo a mano una bellissima lettera e senza perdere un minuto mi precipito alla Società dei Concerti.

All'ultimo piano del grattacielo, suono il campanello. Mi accoglie una segretaria e il suo sorriso si fonde con le note di *Monolocale 7.30 a.m.* che nella mia testa ha iniziato a girare in loop. Mi spiega che il dottor Mormone non concede audizioni, perché qui vengono solo gli agenti che rappresentano gli artisti. Ma in ogni caso, di là c'è un pianoforte, chissà...

L'audizione con il dottor Mormone diventa il mio pensiero fisso e con tutta la gentilezza possibile insisto per averla. Telefono per i successivi due mesi almeno una volta alla settimana, finché un giorno sono loro a chiamarmi per dirmi che il dottor Mormone mi aspetta nel suo ufficio. Ha ascoltato le registrazioni e vuole vedere come suono dal vivo.

Piove a dirotto, fa freddo e ho un ombrello piccolo, un po' malridotto, di quelli che si comprano al volo in metropolitana. Ma io non sento niente. Nell'ufficio invece fa molto caldo. Vedo nello sguardo del dottor Mormone un profondo conflitto. Da una parte sembra voler dire: «Giovanotto, ma cosa vuole? Il mondo dei concerti della musica classica è già saturo, cosa pensa di aggiungere?». Dall'altra invece leggo l'ammirazione nei confronti di un giovane che crede fortemente in ciò che fa, anche se sembra un imbranato impaurito.

«Sentiamo» dice il dottor Mormone e mi indica il pianoforte.

Monolocale 7.30 a.m. sgorga dalle mie dita come un fiume in piena, come tutta quella pioggia che ho preso stamattina, e sono felice, felice!

«Le faremo sapere.»

Ha detto proprio così, come nei film. Però sorride. Lo vedo con la coda dell'occhio mentre la segretaria mi accompagna alla porta.

Un mese dopo ricevo una lettera con il timbro della Società dei Concerti: «Egregio maestro Allevi, abbiamo fissato per lei un concerto al Teatro delle Erbe di Milano, nell'ambito della nostra stagione».

Non ci credo! Rileggo bene. Ma questa volta c'è proprio scritto il mio nome.

È il mio primo concerto importante a Milano!

Ripenso a tutto: ai miei concerti in giro per l'Italia, alle supplenze nelle scuole, agli studi di conservatorio, agli attori del Teatro dei Filodrammatici, al lavoro di cameriere, ai miei genitori, al monolocale, al pianoforte.

Il cuore mi esplode di gioia.

Due giorni prima del concerto sono sui Navigli, a fare una cosa che non avrei mai immaginato: volantinaggio! Ho stampato un foglietto di presentazione del concerto con una mia foto e lo consegno alle persone che passeggiano. Quasi non mi riconosco e un po' mi vergogno, ma per me è un momento importante: l'incontro con la gente, con quegli sconosciuti che, ora lo so, mi prenderanno per mano e mi condurranno al successo. Per realizzare il mio sogno mi ritrovo a fare una cosa contro la mia natura, sono timidissimo e non parlo mai con nessuno, e invece adesso fermo le persone per strada!

«Chi è?» mi chiedono alcuni.

«Veramente sarei io...»

«Che musica è?»

«La mia!»

«E come fa?»

«Non saprei descriverla... Magari al concerto si capisce meglio!»

Allora avevo i capelli corti. Chissà se le persone che

fermavo oggi saprebbero riconoscere in me quel ragazzo.

Di recente è capitato spesso che alcuni detrattori riconducano il mio successo a un'aggressiva operazione di marketing, a opera delle major discografiche o di chissà quali altre «eminenze grigie». Vorrei che mi avessero visto distribuire volantini sui Navigli! Direbbero che anche quello era marketing? No. Era la mia lotta disperata ed entusiasmante per la realizzazione di un sogno!

Il giorno del concerto passo tutto il pomeriggio a letto, con il batticuore, e ripasso continuamente tutte le note con la mente, perché nel mio monolocale non c'è un pianoforte e in conservatorio gli studenti di composizione non possono usare le aule da studio riservate ai pianisti.

Quando arrivo in teatro, lo vedo finalmente, lì sul palco: il pianoforte, la sola voce attraverso cui il mio mondo interiore può trovare espressione. Alcuni tecnici sono arrampicati sulle scale per posizionare le luci e le maschere sistemano i programmi sulle poltrone. Li guardo incantato: queste persone stanno lavorando per me. Come potrò mai ringraziarle?

Uno di loro mi dice entusiasta: «Lo sa? Questa sera il teatro è pieno!».

Ho un tuffo al cuore.

La Società dei Concerti è molto prestigiosa e vanta

una grande tradizione, quindi i suoi recital saranno sicuramente molto seguiti, mi dico. Eppure mi è sembrato di leggere nell'espressione del tecnico un velo di stupore e di ammirazione nei miei confronti. Magari è merito delle persone che ho fermato sui Navigli?

Il dottor Mormone mi presenta al pubblico. È soddisfatto e fiero di vedere tanta gente e conclude il discorso introduttivo dicendo: «A differenza delle altre volte, questa sera un giovane compositore suonerà la sua musica. Vedete un po' voi...».

Tremo tutto: la mia voce trema nel saluto iniziale, le mie mani tremano. Ma il suono è bello e il pubblico è con me. Da subito.

Quando finisce il concerto, l'applauso sale lento. Il pubblico è attonito. Ma quell'applauso sembra non finire mai, cresce inesorabile e si diffonde nell'aria un'emozione palpabile. Qualcuno, coraggioso, addirittura si alza in piedi! Vedo occhi lucidi di commozione. Forse la mia musica ha investito tutti con la sua onda emotiva.

Ho atteso troppi anni per fare questo concerto, ho seguito il mio sogno oltre le regole, ho amato quelle persone che sono venute lì per me. Tutto era concentrato sulle mie dita e qualcosa deve essere passato, ne sono sicuro.

All'uscita del teatro alcune persone del pubblico mi aspettano, vogliono addirittura... un autografo. Da me.

Qualcuno ha una penna? Sì, eccola.

Firmo i volantini, ma sono incredulo. Mi parlano di

emozioni. Mi sorridono con il cuore, mi si stringono attorno e io non ho parole. Sembra un sogno, ma è tutto vero!

Non bisogna mai aver paura di rompere le regole, se è il nostro cuore a chiederlo. Mai temere di destabilizzare un sistema: è nella sua natura la necessità di cambiare. Ma soprattutto bisogna sempre trovare il coraggio di esporsi, di osare, di mettersi in gioco: è un dovere dell'artista!

La cena di Muti

Milano, 8 dicembre 2000

Questa è la storia di una missione impossibile alla James Bond, qualcosa da raccontare ai nipoti: ho fatto il cameriere per incontrare il maestro Riccardo Muti!

Tutto è iniziato quando ho conosciuto la signora L. alla Palazzina Liberty, dove ho suonato per un convegno farmaceutico mondiale: iniziamo da lì.

Arrivo in anticipo e trovo un meraviglioso Bösendorfer Imperial sul palco. Non posso resistere e inizio a provarlo, mentre intorno i tecnici preparano tutto. Mi siedo, poche note meditate... Intanto la signora L., che ancora non conosco, si accomoda, letteralmente rapita. Inizia a parlare da sola a voce alta. Poi fa una telefonata con il cellulare e la sento dire: «Senti... è impressionante... Un novello Jarrett!». Poi rivolge il cellulare verso di me e io ricomincio a suonare. Dopo dieci minuti spegne il telefono e mi comunica di aver chiamato New York: ho appena fatto il mio primo concerto in diretta telefonica! Ci presentiamo: è una dolce signora che ama la musica e il pianoforte.

Dieci giorni dopo la vado a trovare e mi invita a pranzo. Mi dice che la mia strada sarà dura. Però lei avrebbe un'idea: sta organizzando la cena alla Scala e mi metterà come cameriere al tavolo del maestro Muti. L'idea è folle (non ho mai toccato un piatto se non per mangiare!) ma anche geniale. Potrei lasciargli una lettera e confessargli che ho fatto il cameriere pur di incontrarlo.

Certo, sembra di essere in un film...

Ed eccomi qui, vestito da cameriere, con un grande grembiule bianco che non ha tasche. Dove metto il cd e la lettera? Riesco a scambiare il mio grembiule con quello di una ragazza, Ginevra: il suo è più piccolo ma ha una bella tasca davanti. Quando lei mi chiede il motivo di questo scambio, le spiego tutto e nel giro di qualche minuto divento un mito: gli altri camerieri si avvicinano attoniti, meravigliati, addirittura entusiasti.

Ok.

I tavoli sono ventisette, cioè ventisei più uno, l'intoccabile, l'irraggiungibile, quello del maestro con la sua famiglia.

Siamo ventotto camerieri divisi in coppie, ognuna delle quali si occupa di due tavoli, tranne io e Pietro che ci coccoliamo il solo e importantissimo tavolo centrale. La cena del 7 dicembre è l'evento mondano dell'anno. Per servire vengono scelti i migliori camerieri professionisti. Questa volta, il compito più delicato viene affidato a me, che non ho la più pallida idea di come si faccia! Ma ce la metterò tutta per non tradire la fiducia della signora L. e per portare a termine la mia missione. Pietro invece è bravissimo, è il migliore e la sua più grande dote è essere sempre calmo e ottimista: emana sana positività da tutti i pori. Sa perché sono lì e decide di aiutarmi, spiegandomi con pazienza come devo comportarmi. Tuttavia non riesce a nascondere una certa tensione. Mi dice che devo diventare un «satellite»: i commensali di quel tavolo non devono mai sentirsi abbandonati.

Arriva il maestro: applauso. Poi lo raggiungono il soprano e il tenore: altri applausi. Nel «mio» tavolo ora ci sono: Muti, alla sua destra la figlia e poi i due fratelli; alla sua sinistra il soprano, la moglie e un signore anziano. Si mormora che nel *Trovatore* qualcosa non sia andato bene e per questo il maestro sia tesissimo. Penso tra me e me che le cose si complicano un po', ma ormai sono in ballo e devo ballare! Intanto con gli altri camerieri gioco a recitare la parte dell'agente 007: sono tutti davvero meravigliati dalla follia poetica del mio gesto e il loro sostegno mi dà una grande carica.

Inizia la cena. A me tocca servire i vini. Chiedo al maestro Muti se preferisce un rosso fermo o frizzante. Mi risponde con voce grave e impostata, chinandosi di lato per guardare le etichette che gli porgo. Cerco anche il suo sguardo, ma lo abbandono subito dopo averlo incontrato. Sono davvero contento: questa situazione incredibile mi elettrizza!

Serviamo con tranquilla efficienza ed eleganza gli antipasti e i primi. Ora porto pesanti vassoi che devo porgere tra una persona e l'altra senza posarli sul tavolo.

Questa operazione non è facile: con discrezione e decisione bisogna infrangere il confine, il limite dello spazio personale dei commensali, magari interrompendo un dialogo. Ora comprendo quanto sia difficile ma umano fare il cameriere: che gioco affascinante di aperture e chiusure, di vicinanza confidenziale e assenza! E poi bisogna avere occhio, una visione olistica della situazione, accorgersi di tutto ciò che accade intorno.

Il maestro discute con il soprano di filologia musicale, spiegando la corretta interpretazione di un'opera. Quando parla con le persone inclina il busto indietro. Capisco subito che è molto sicuro di sé. Chissà come reagirà di fronte a un gesto tanto irriverente ma, spero, disarmante?

I tre figli sono assolutamente bellissimi, quasi cristallizzati nell'elegante distacco del loro ruolo. Parlano a voce bassa e si muovono con grazia impercettibile.

In cucina chiedo a Pietro se sia il caso di sbloccare la situazione. Lui risponde che devo seguire il mio istinto, ma mi consiglia di aspettare. A metà della seconda portata, c'è un momento di distensione generale: ora sono tutti ancora troppo tesi.

Torno a offrire un frizzante lambrusco e, dopo aver servito il secondo, attendo. Ciò che dice Pietro è vero: il maestro si alza e inizia a chiacchierare in tono più confidenziale. Le persone ora gli si avvicinano: c'è chi si complimenta, chi gli regala un libro, chi vuole la sua dedica.

Il cuore comincia a battermi forte: mi sono talmente abituato a servire ai tavoli che sento ormai lontana la mia missione da agente segreto. Recupero la mia vera identità con un po' di senso di colpa. Ma non posso affrontarlo ora: sta parlando con alcune persone e sarebbe davvero indiscreto interromperlo. Ho paura di irritarlo, ma temo anche che possa andarsene da un momento all'altro lasciandomi solo con i miei sogni infranti. Più aspetto, più aumenta il rischio che se ne vada all'improvviso; ma se resta, sarà sempre più rilassato, quindi l'operazione avrebbe maggiori probabilità di successo. Devo avere ancora un po' di pazienza, devo imparare ad attendere.

Continuo a servire al tavolo: non lo lascio un secondo con lo sguardo, seguo tutti i suoi spostamenti nella sala. Sento che qualcosa sta per accadere, che l'ora X si avvicina. Avverto la tensione muscolare e l'adrenalina fluire nel corpo come quando inizio a suonare. Ho paura, ma chi non l'avrebbe?

Si siede a tavola: parto subito, prima che abbia il tempo di mettersi a parlare di nuovo. Nei pochi secondi che impiego ad avvicinarmi sento il cuore battere forte e ho la sensazione di osservarmi dall'esterno; dopo pochi passi mi rendo conto che non posso più fermarmi e che qualcosa di memorabile sta accadendo.

«Scusi maestro, posso disturbarla un minuto?»

Con il mio sorriso più disarmante aggiungo: «Ho fatto il cameriere pur di incontrarla».

Poso il cd e la lettera sul tavolo.

Lui capisce tutto in un lampo: è meravigliato, divertito, sorpreso, mi sorride come non aveva fatto mai in tutta la sera.

Il cuore mi esplode! Sto vincendo! Non si sta irritando, non è vero quello che dicono tutti. Prende il cd e dice: «Bene... Giovanni Allevi...».

«Questo è un disco di mie composizioni per pianoforte solo, e questa è una lettera da parte mia... Spero voglia leggerla.»

Il maestro si alza in piedi, mi dà la mano e si rivolge alle persone al tavolo: «Pensate, ha fatto il cameriere per incontrarmi! È un pianista e ha inciso questo disco!». Poi mi guarda: «Le risponderò sicuramente». È raggiante.

Ora voglio solo sparire, tornare nel mio ruolo di cameriere. I pensieri belli si accavallano, ma voglio riservarli per dopo.

Lo ringrazio e torno in cucina, dove incontro Pietro e gli altri. «Missione compiuta!» grido al settimo cielo. E tutti: «Grandissimo! Mitico! Che storia!».

Vado a baciare la signora L. che mi ha dato questa

opportunità e le racconto che è andato tutto benissimo. Torno al tavolo a servire il dolce, ma i commensali si sono ormai alzati. È davvero una grande emozione vedere il maestro Muti con il mio cd sottobraccio.

Poi mi si avvicina il soprano che ha già avuto occasione di ascoltare il mio cd e mi dice che la musica l'ha commossa. Il suo inglese non è facile da capire, ma mi saluta con una frase che non potrò dimenticare: «You will be famous!».

L’abbandono

Basta ricordare che siamo fatti di acqua calda, che siamo soffici, liquidi ed elastici.

L’abbandono è uno stato difficile a cui non siamo più abituati, perché sempre ossessionati dal controllo a tutti i costi dei particolari.

L’abbandono invece è partecipazione alla pienezza, una forma di consapevolezza. Come dire: è così chiassosa la storia, nell’infinito silenzio universale, che è inutile aggiungere altro rumore.

Dunque è un prendere atto di esistere, di possedere braccia, dita e talento non nostri, di essere in possesso di un’identità che ci è data, così come tutto in noi e attorno a noi ci è donato, ci avanza, trabocca le nostre aspettative: nulla ci appartiene.

Allora ecco risvegliarsi in noi l’infantile stupore per ogni cosa, sempre nuova, sempre provvisoria. L’abbandono è una costante primavera, dove tutto continuamente nasce.

Inizia dal respiro profondo, lento e sentito come la cosa momentaneamente più importante, come un movimento ampio e complesso, non più involontario, cui segue la perdita dell'espressione facciale, o meglio l'importanza che essa riveste per noi, e questo è davvero difficile: smettere di sentirci immagine esposta al giudizio degli altri, per tornare al valore della nostra unicità.

Il pianoforte reclama l'abbandono: esso non vuole essere suonato, ma è lui che vuole suonare tramite il pianista. L'esecutore abbandonato al suo strumento diviene egli stesso strumento, in un gesto impersonale e per questo totale, e la Musica, misteriosamente, inizierà a sgorgare, fresca e leggera.

Io, pianista, devo avere la sensazione che le mani vadano da sé, che siano solo le dita, morbide, a stabilire quando e come abbassare i tasti.

Devo essere spettatore impossessato della Musica, mentre nella mia mente un silenzio energetico, gravido e vigile segue, vuoto, ogni minimo movimento. Allora come un carillon, ogni elemento entrerà in rapporto armonico con l'altro: il respiro con il battito cardiaco, la pressione con la temperatura delle dita; e la memoria musicale troverà, nel silenzio della mente, un lucido lago ghiacciato su cui scorrere senza alcun ostacolo, senza altre intenzioni che interferiscano con quella proveniente dalla tastiera.

È vero, con l'abbandono si sperimenta un piccolo miracolo che va ben oltre il pianoforte: il prodigio di lasciar vivere e crescere i fiori che ci circondano, di sentire di non aver più paura di nessuno, perché anche la nostra presenza è dono; il miracolo di essere vivi e leggeri.

Ho coltivato nel mio spirito
un giardino di rose.

La composizione

La Musica viene a trovarmi all'improvviso.

Posso essere al supermercato, o sull'autobus, davanti a un paesaggio incantevole o immerso in un angoscioso dormiveglia.

Arriva, già definita nella mia mente.

Per anni ho avuto la pretesa di pensare che fosse frutto della mia ispirazione, o della mia bravura. Poi però è diventato sempre più chiaro che la Musica è una vera e propria entità, davanti alla quale la mia possibilità di scelta è davvero minima. Lei infatti possiede una struttura interna già definita e concreta, che io non posso che rispettare.

Allora in cosa consiste la mia abilità?

Nell'essere ricettivo, nell'aver acquisito nel corso di intensi anni di studio gli strumenti per poterla plasmare, per poterla fermare sulla carta. Sì... perché lei svanisce all'improvviso, furtiva come si presenta.

E per questo porto sempre con me qualche foglietto pentagrammato, per non farmi trovare impreparato alle sue carezze.

La Musica, dicevo, è per me un'entità che possiede uno statuto ontologico: è cioè dotata di una vera essenza che la rende indipendente. Per questo la definisco la «Strega capricciosa che ha monopolizzato la mia vita» e che mi chiede una dedizione assoluta.

Quando, dall'indefinito, un gruppo di note irrompe nella mia mente, è lo stesso frammento musicale a esigere di essere sviluppato secondo la sua volontà, non la mia. Io non ho scelta: forme e direzioni sono già insite nella Musica, e a me resta solo il compito di svelarle, ricostruendo piano piano tutta la struttura interna: le ritmiche, le melodie, le armonie, fino alla realizzazione della partitura. L'elemento più importante: la sua notazione scritta.

Cosa voglio io dalla mia musica?

Che faccia un discorso, che abbia delle tensioni interne, che sia temporale, non statica.

Ma soprattutto che esprima se stessa usando tutte le mie energie come quelle di un suo umile manovale.

Quando inizio a scrivere una composizione è come se fossi un archeologo che ha appena scoperto un pezzetto della cresta di un dinosauro: tutto il lavoro consiste nel riportarlo alla luce intero. Non mi importa quanto tempo ci vorrà. La fatica sarà pari all'entusiasmo e l'impegno mi assorbirà giorno e notte. Non mi importa neanche che il risultato sia comprensibile: il dinosauro è lì e richiede tutte le mie forze per tornare a manifestarsi.

È la Musica che guida il gioco, non le logiche di mercato. È lei che ti dice dove vuole andare, che strada prendere: è esigente e capricciosa.

Ma alla fine, ne vale la pena.

Quindi è inutile piegare la Musica a esigenze esterne: lei vive nel suo spazio e non vuole nessun altro vicino!

Considero l'ispirazione l'incontro mistico con le note, attraverso un processo per deduzione dall'indefinito, da cui provengono, al definito, cioè questo mio tempo, questa partitura scritta.

L'ispirazione può regalarmi momenti di gioia pura.

Per anni ho chiamato la creazione un processo «a rincorse».

Sono al supermercato, un perfetto «non luogo» perché privo di qualsiasi identità propria. Magari senza musica di sottofondo e sto scegliendo in modo compulsivo i soliti alimenti: la pasta, il tonno, il pane...

Mi accorgo che nella mia mente circola già da un po' un frammento musicale che è destinato ad avere grande forza compositiva. Perché? Perché è neutro. E più un frammento è neutro, più può garantire una spinta in avanti. Subito lo annoto su un foglietto pentagrammato, o in mancanza di questo, lo trascrivo come sms che mi invio per sicurezza.

Il frammento è un virus che si è impossessato di me e non mi lascia più.

La mente lo ripassa decine e decine di volte, anche se dura solo pochi secondi. Inizio a metterlo sempre più a fuoco e scopro, ad esempio, che il frammento è per orchestra. Parte allora un complesso «download mentale», da cui ricevo informazioni sulle viole, su ciò che suona il corno, sulle note dedicate all'arpa (e qui bisogna stare attenti alla pedalizzazione!) e sulla ritmica dei contrabbassi, sempre e soltanto in relazione a quei pochi secondi di musica.

Intanto ho riempito il carrello della spesa e vado alla cassa, ma sono un automa, sono assente. Qualche volta mi capita di non riconoscere nemmeno gli amici. Chiedo pubblicamente scusa per questo.

Iniziano le rincorse. Accade cioè che la mente, nella sua ripetizione ossessiva, aggiunge al frammento alcune note «stirandolo». Per continuare la metafora: l'archeologo con una spazzola inizia a liberare un ossicino dalla sabbia che è intorno. Si dà avvio così allo sviluppo orizzontale della musica, la parte creativa più entusiasmante.

Ricevo lo scontrino della spesa, ma ho gli occhi sbarrati. Pago, faccio tutto, ma la mia mente è totalmente impegnata nelle rincorse.

Il frammento da due secondi, diventa di tre. Poi una successiva rincorsa svela i successivi quattro o cinque secondi e così via.

La mente e il cuore scandiscono le rincorse con infaticabile maniacalità, e io mi concedo irrimediabilmente alla Musica, alla sua presenza totalizzante.

Scopro che il frammento non è la parte iniziale del brano, ma un momento situato magari a un terzo della composizione. Inizia così anche il lavoro a ritroso per scoprire cosa c'era prima e, contemporaneamente, continua la scansione di ciò che segue.

Non si va per tentativi ed errori, e soprattutto: io non ho alcuna scelta!

Non posso dire: «Adesso basta! Il brano è finito!» perché è la Musica a stabilire quando concludere. Ugualmente mi è vietato pensare: «Il brano non deve durare più di tre minuti, altrimenti non è radiofonico» come mi è stato suggerito da qualche discografico, prima di chiudermi la porta in faccia! La Musica, forse, non sa nemmeno cosa è una radio! Oppure ancora, è impensabile dire: «La musica deve essere così, perché deve descrivere questa scena del film e deve concludersi quando la scena finisce». La Musica, la mia Musica, non vuole fare da sottofondo a niente, non vuole avere padroni: Lei *è*.

Esco dal supermercato con le buste della spesa e mentre cammino per tornare a casa, l'orchestra che ha iniziato a suonare in loop sempre più estesi nella mia testa, libera su di me una spaventosa, quanto sublime, carica emotiva.

Arriva l'emozione. È quella di cui mi parlano le persone che ascoltano le mie note.

Ed è talmente densa che io inizio a vedere il mondo circostante con gli occhi della Musica. Tutto mi appare intenso e poetico e ho anche la forza irriverente di guardare negli occhi le persone che incontro sulla strada. Mi sento vivo.

Nei giorni che seguono, la Musica non mi dà tregua. Riesco a fare tutto, a parlare con le persone, a cucinare qualcosa, ma le note chiedono con insistenza la mia attenzione, mentale ed emotiva. Il frammento diventa molto esteso, ci vogliono diversi minuti per ripassarlo dall'inizio alla fine.

Spesso non riesco a dormire, perché nel buio e nel silenzio della notte, la mia Strega capricciosa si ingigantisce.

Per tutto il tempo non scrivo una sola nota su un foglio, non tocco un tasto di pianoforte. Tutto avviene in testa. Mi è addirittura capitato di essere assalito da un brano per orchestra, durante l'esecuzione di un altro brano al pianoforte, nel bel mezzo di un concerto. «Anche qui?» ho pensato. E per un attimo la mia memoria musicale ha vacillato. Poi ho subito fatto una «partizione del disco rigido» nel mio cervello: una parte seguiva le dita sui tasti, mentre l'altra analizzava, limava e perfezionava il brano mentale. La melodia di una viola esigeva la mia attenzione!

È così da sempre. Sono posseduto, non ho scampo. E ho rischiato tanto.

Perché per molti anni, la Musica che veniva a trovarmi non interessava a nessuno. Il mondo voleva altro.

Per questo è stata durissima perché non ho mai voluto avvicinare la mia Strega a nulla e a nessuno che non le fosse totalmente devoto. Avrei potuto impegnarmi in tante produzioni, di tutti i tipi, ma questo significava tradire Lei. E dire che non sono neanche sicuro che mi abbia mai amato teneramente. È capricciosa, la mia Strega!

Poi però è accaduto il miracolo, per cui le splendide persone comuni, che comuni non sono, hanno iniziato ad amarla come me.

Ma andiamo con ordine.

Un giorno mi sveglio con la certezza che il brano che ha assorbito la mia mente per mesi è concluso. La sua stessa musica non chiede di essere ulteriormente sviluppata. È pronta per entrare nell'esistenza. Ma attenzione, anche se ultimata continua a girare nella mia mente fino all'ossessione, creandomi seri problemi di attenzione e di relazioni sociali.

Solo un'unica cosa può darmi sollievo e pace: l'elaborazione scritta della partitura, cioè di tutte le note che vanno affidate agli strumenti dell'orchestra. In altre parole, devo spostare le note dalla testa alla carta. In realtà, nella mia mente il brano è già concluso, quindi la scrittura della partitura si risolve in un compito meccanico, molto faticoso, che non mi ha mai entusiasmato, neanche da studente.

Ma è uno dei doveri del compositore. Non si raggiungono mai grandi risultati se non si soffre un po'.

Soprattutto devo farlo per salvare la musica dallo scorrere del tempo. E per la mia salute mentale!

Proprio mentre scrivo ricevo una e-mail da una fan. Ne riporto le parole:

Caro Giovanni
non riesco a fare a meno della tua musica...
«Lei» permette di staccarsi dalla realtà, di entrare in una dimensione eterea, inverosimile, rende liberi da pensieri e paure, è come l'amore, ti fa venire voglia di essere una persona migliore...
Grazie per tutto questo
Azzurra

Visto? La ragazza ha scritto «Lei»...

La spaventosa carica emotiva che la Musica rilascia nel mio cuore, nel mio corpo, all'uscita del supermercato, non è una semplice e occasionale conseguenza del suo essere nel mondo, ma ne rappresenta un completamento essenziale.

Senza quelle emozioni, la musica resta carta. Scopro così che la mia Strega capricciosa, altezzosa e indipendente, per vivere ha bisogno di un cuore emotivo che la accolga. Non solo il mio. Quello dell'ascoltatore, che con il suo mondo interiore chiude il cerchio e completa il quadro appena accennato dalle mie note.

Sono le persone, che con la loro presenza emotiva, rendono viva la musica, realizzando quella che considero la mia «rivoluzione copernicana», cioè lo spostamento dell'attenzione dall'oggetto musicale al soggetto che lo percepisce.

Ogni individuo è unico e irripetibile, e vive le mie note in maniera personale, ma ognuno collabora alla realizzazione dell'opera d'arte e per questo motivo merita tutta la mia riconoscenza. Alla fine dei concerti, vorrei quasi essere io a chiedere l'autografo agli ascoltatori! Loro si stupiscono del mio sguardo incantato, non capiscono quanto io sono orgoglioso dell'amore e della dedizione che rivolgono alla mia musica. Un abbraccio senza fine.

Attraverso la partitura scritta, la mia esecuzione al pianoforte e quella di altri pianisti, oppure tramite il talento di un'orchestra, la mia musica entra nel mondo ed è in grado di sconvolgere esistenze e destini.

Non è una affermazione eccessivamente poetica.

Il primo a subirne la potenza sono io. Io che ho paura di tutto, che non uscirei mai di casa, che ho sempre avuto timore del giudizio altrui, per la Musica ho sorvolato più volte gli oceani, ho sfidato il giudizio, ho avuto la forza di non dare nulla per scontato e di credere nei sogni e nelle idee. Ho incontrato il sorriso di migliaia di ragazzi, ho potuto partecipare della straordinaria poesia dei loro pensieri, del frutto della loro creatività. La Musica ha sconvolto la mia esistenza, rendendomi libero e ha fatto in modo che moltissime persone si incontrassero sull'onda dell'emozione generata, sconvolgendo magari anche i loro destini.

Forse oggi essere compositore sembra strano.

Un paio di anni fa sono andato all'Anagrafe di Milano per rinnovare la mia carta di identità.

La signorina allo sportello mi ha chiesto: «Che mestiere fa? Cosa indichiamo sulla carta?».

Ho risposto con fierezza: «Compositore!».

«Compositore? Non credo che esista.»

«Come?»

«Beh, posso sempre controllare, ma non credo che esista...» ha risposto con aria disincantata.

È un segno che viviamo in una società che ha completamente dimenticato il valore della figura del compositore, ritenuto dai più un individuo che scrive colonne sonore per film e documentari, o forse un artista con la parrucca vissuto secoli fa.

«Se ha pazienza, controllo sul libro...»

«Controlli bene, la prego, ci terrei tanto!»

E perché la società ha dimenticato il compositore?

La signorina continua a sfogliare un vecchio libro impolverato.

«Ecco! C'è! C'è: "compositore"!»

«Oh, grazie al cielo!»

Allora non tutto è perduto!

Inconvenienti di un'eterna distrazione

Io non lo faccio apposta, ma sembra inevitabile il mio simpatico scontro con la normalità.

Apparentemente distratto, in realtà sono concentratissimo sulla musica, sempre. C'è una musica che mi suona ininterrottamente in testa e assorbe la mia attenzione in qualunque circostanza, tanto da farmi dimenticare l'importanza degli oggetti, delle scadenze e persino di mangiare.

Spesso viaggio in treno, un mezzo di trasporto che adoro perché mi permette di dedicarmi completamente alle mie note.

Sono seduto in una comoda poltrona della prima classe, un lusso che da poco ho deciso di concedermi, per la possibilità di ricaricare la batteria del cellulare o del computer, anche se alla fine la presa della corrente spesso non funziona.

Passa una signorina in divisa con il carrello delle bevande. Le chiedo un caffè e lei gentilmente me lo porge. Faccio per prendere il portafoglio e la signorina mi anticipa sorridente: «Non si preoccupi, è offerto».

«Oh che bello, grazie!»

«Come, non lo sa? In prima classe il caffè è gratis!»

«No, sinceramente non lo sapevo.»

«Non è mai stato in prima classe?»

«Sì, ci sono già stato.»

«E non si è mai accorto che le bevande vengono offerte?»

«Sì, ma...» e poi penso tra me e me che «offerte» è una parola grossa, so bene di aver già pagato quel caffè con i soldi del mio biglietto. Comunque è un bel pensiero.

«Non vorrà dire che non ha mai preso un caffè in prima classe?»

«Sì, l'ho preso ma non mi sono mai accorto che fosse gratis.»

«E magari l'ha pure pagato.»

«È possibile.»

«E no, invece! È impossibile che un collega glielo abbia fatto pagare. È sicuro di ricordare bene?»

Mi sento in trappola. È ben inteso, io ammiro molto la propensione delle donne a fare chiarezza sui particolari, anche i più insignificanti. Diverse persone nel vagone allungano il collo per seguire divertite il nostro dialogo.

Il caffè intanto si è freddato, ma la sua insistenza è dolce e sincera.

«Senta, signorina, io non lo so, non ricordo!»

«Ma come è possibile?»

«È possibile. Lo sa perché? Perché io... non mi occupo di cose terrene!»

In un'altra occasione, sempre in treno, mi trovo in una carrozza di prima classe e ne approfitto per ripassare a mente tutto il concerto, nota per nota.

A un certo punto decido di andare in bagno, ma per raggiungerlo devo oltrepassare la porta di vetro a scorrimento automatico. Non riesco ad aprirla con la maniglia, allora premo il pulsante e, come in una scena di fantascienza, con il rumore dell'aria compressa, la porta si apre.

Quando torno, mi trovo di nuovo davanti alla porta.

Provo con la maniglia, è un'abitudine, ma come prima non si muove. Allora premo il pulsante.

Nessun sibilo di aria, nessuno spostamento: la porta è immobile.

Provo di nuovo con la maniglia, niente da fare. Premo ripetutamente il pulsante, senza risultato. Ma guarda! Devo arrivare solo fino al sedile, lì vicino, e invece, allo stato attuale delle cose, sembra impossibile. Mi guardo intorno nella speranza di vedere un controllore, ma quando ti serve...

Forse la porta è difettosa e il pulsante da questo lato non funziona. Sicuramente è così. Dopo ripetuti tentativi mi rendo conto che l'unica possibilità è chiedere aiuto a qualcuno che è nel vagone, attirando l'attenzione a gesti.

In realtà una signora anziana si è già accorta del mio problema e da qualche minuto segue la scena con attenzione. Cerco di farle capire a gesti che la porta non si apre. Lei si alza, ha un sorriso bonario. Mentre viene verso di me, scuotendo la testa, ci guardiamo complici come a dire: «Eccoli qua i treni italiani! Magari sono nuovi e poi scopri che le porte sono rotte. I biglietti aumentano nel prezzo, ma il servizio è sempre lo stesso. Siamo in Italia!».

Quando è proprio davanti a me, ecco accadere l'impossibile.

Il braccio della signora passa attraverso la porta!

E ci accorgiamo così che quella porta era aperta, era sempre stata aperta! Rivedo come in un flash tutti i miei movimenti. È vero! Forzando la maniglia stavo semplicemente cercando di chiuderla. Sento che le orecchie mi si arrossano per la vergogna, mentre la signora ha la bocca aperta per lo stupore. Mi guarda incredula, come se fosse davanti a un idiota. Ciò che riesco a dire è: «Non ho parole». E a questo punto si rivela tutta la grandezza morale della signora che, volendomi salvare dall'imbarazzo, mi dice: «Sa, certe volte, queste porte non funzionano...». Ma il suo sguardo sembra dirmi: «Ragazzo, si faccia vedere da qualcuno bravo».

Ringrazio la signora per il suo aiuto e per non aver voluto infierire sulla mia stupidità; e mi scuso inoltre con le Ferrovie dello Stato per i cattivi e ingiustificati pensieri.

Il pifferaio magico

Alle medie non mi invitavano alle feste.

L'ultima volta che è successo, a casa di un mio compagno, ricordo di essere stato seduto in un angolo tutto il tempo, a guardare gli altri che ballavano il lento con le ragazze.

Al liceo, non ne parliamo. Ho cominciato a dedicare tutte le mie energie allo studio, sia delle materie scolastiche sia del pianoforte, quasi per reazione. Ho sempre vissuto l'ansia di non appartenere al gruppo dei miei coetanei, di non sentirmi bello; i miei voti erano altissimi e ciò, a dire il vero, peggiorava la mia popolarità.

All'università mi sono chiuso sempre di più, arrampicato nelle vette rarefatte del pensiero filosofico, mentre gli altri si organizzavano per fare viaggi, vacanze o feste, io passavo le estati a studiare il pianoforte e Aristotele come un pazzo!

I miei amici? Chopin, Beethoven, Ravel, Debussy,

ma anche Gesualdo da Venosa e Monteverdi, san Tommaso e Adorno.

Sono arrivato alla convinzione che io e i giovani non avessimo nulla a che spartire, perché io avevo immerso il mio cuore in un mondo che a loro non interessava.

Così ho deciso di dare una svolta! Nel 2002 sono entrato come pianista nella band di Jovanotti, catapultandomi nel mondo giovanile dall'interno, mentre Lorenzo cantava: «È qui la festa?».

Quanti ragazzi c'erano! Si radunavano nei palazzetti dello sport già dal pomeriggio e io avevo sul petto un pass artista di cui andavo fiero. Dopo il soundcheck delle cinque del pomeriggio, c'era qualche ora libera, che io in genere passavo in camerino a scrivere musica (ho composto ben due concerti per pianoforte e orchestra durante quel tour) o a leggere *Essere e tempo* di Heidegger.

Ma un giorno decido di uscire, per passeggiare con il mio pass nel prato davanti al palco, in mezzo ai ragazzi che aspettano il concerto. A un certo punto sento una ragazza gridare: «Ma quello è Giovanni! Sì! È Giovanni!». Scatta un fulmineo passaparola e vedo una ventina di ragazze correre verso di me! «Giovanni, Giovanni!» gridano.

Cosa? Devo ammetterlo, mi spavento e scappo. Corro, felice però. Emozionato, lusingato, come se avessi appena ricevuto una dichiarazione d'amore. Tanto che decido di farmi raggiungere! Ma sì! Un po' di celebrità me la merito! Cosa potranno mai farmi? Io, che non venivo invitato alle feste, ora nonostante sia diplomato in pianoforte, in composizione e laureato in filosofia, sono rincorso da ben venti splendide fanciulle! Sicuramente non sono a conoscenza dei miei titoli. Dopo pochi secondi vengo circondato dalla freschezza dei loro sorrisi e io divento rosso come un peperone. Una alla volta riempiono le mie mani di foglietti e quadernini, e quella che sembra essere il loro capo mi rivolge una domanda che non dimenticherò per tutta la vita: «Giovanni, ci fai fare un autografo da Jovanotti?».

«Ma io...»

«Ti prego, ti prego, dai, tu lo conosci!»

Ho capito che era tempo di tornare a seguire solo la mia strada, con una coerenza quasi suicida, e così sono arrivati gli anni delle supplenze a scuola, degli impieghi come cameriere, della difficoltà di arrivare alla fine del mese, dei viaggi all'estero per i primi concerti importanti, nel più totale anonimato in Italia.

Ora tutto mi è chiaro. Ero l'albatross di Baudelaire, in attesa di volare, il brutto anatroccolo in attesa del lieto fine. E oggi, dopo aver deciso di assecondare in tutto e per tutto la Musica, mi ritrovo a essere un «pifferaio magico»! Ora i miei concerti, in cui suono solo le mie composizioni, sono pieni di meravigliose persone che sono ancora capaci di emozionarsi.

Girare il mondo in lungo e in largo con l'idea di conquistarlo solo con la fantasia e con le dita sui tasti certe volte mi sconforta, non è facile, ci vuole grande forza e determinazione, ma tutto l'entusiasmo che ricevo mi basta per altre tre vite. Come è bello scoprire intorno a me una nuova generazione di poeti, visionari, sognatori, che hanno deciso spontaneamente di rendersi emotivamente vulnerabili alla mia musica classica contemporanea! Com'è bello pensare che il mondo finirà in mano a questi ragazzi, dotati di una gentilezza e di una sensibilità disarmanti, capaci di un rapporto delicato con le cose ma al tempo stesso desiderosi di volare alto, per inseguire i propri sogni. Non so cosa avrei fatto se la Musica non mi avesse portato con sé.

Il non pensare

A volte l'esperienza ci mostra come il vivere intensamente corrisponda a un momentaneo abbandono della nostra facoltà di classificare, controllare, giudicare, cioè di pensare.

Vivere la vita o scriverla, esserne partecipe o pensarla: queste sono alternative esistenziali con cui gli artisti e i filosofi fanno i conti tutti i giorni.

Ma il segreto è non pensare.

Il pianista cerca i suoni e per farlo deve anche non pensare. Ogni suo calcolo infinitesimale precede e segue l'esecuzione, nella fase di studio, memorizzazione e prova, nella razionale gestione del tempo che ha a disposizione, nella comprensione del testo che è adagiato sul leggio. Ma quando è abbandonato alla dolce carezza dei tasti, sperimenta la solitudine totale ed è in grado di trascinare l'ascoltatore nella dimensione del non pensare, del silenzio, del recupero di sé. Egli stesso si rende conto che il concerto è passato in un attimo e se ne meravi-

glia: per un piccolo arco di tempo ha bevuto al nettare della vita e ne è stato talmente inebriato da non ricordare nulla, così come chiunque altro che fa con passione i gesti che ama.

Il non pensare è legato a ogni tipo di ritualità, alla ripetizione di gesti o parole che aiutano ognuno di noi a uscire dalla gabbia grigia e fredda del pensiero.

Quando un uomo non pensa il suo rumore principale diventa quello del cuore e del respiro, uniti insieme in una straordinaria poliritmia ancestrale. Due cicli discordi interagiscono, creando curve nuove e irregolari, parabole vertiginose o piane, che alimentano il fuoco dell'emozione. Un motore che ha due pistoni diversi, un elastico che si tende continuamente da più parti, assumendo strane forme, una trottola mal bilanciata che inventa, finché è in equilibrio, evoluzioni circensi.

Ogni uomo, quando non pensa, suona, bagna, sogna, odora, scalda, cerca il contatto con le cose che vibrano, che restano umide, che inebriano, che profumano e scottano.

A me piace l'acqua, avvolgente, che rende opaca e lontana ogni cosa, annullando il tempo misurato, e che spinge in superficie con forza e grazia, o ingloba silenziosa il corpo che ha perso il suo spazio.

L'uomo deve tornare a essere soggetto assoluto della propria esistenza, vero punto di partenza di sé. Come si concilia tale visione con l'abbandono?

Credo che la grande scoperta di questo strano tempo sia che abbandono e attività non sono in rapporto antitetico.

In realtà dobbiamo evitare di strozzare il torrente impetuoso che è in ognuno di noi, dobbiamo evitare l'inibizione a tuffarci nella danza delle cose, fosse anche il traffico cittadino.

Ma l'inibizione nasce nel pensiero solitario: la nostra piccola mente non ce la fa a contenere un universo che danza, e allora concepisce il concetto dell'irraggiungibile, dell'impossibile, della delega a forze altrui.

Invece il non pensare è apertura e paradossalmente è comunicazione profonda con gli altri: ora che siamo di fronte, dimentichiamo i nostri ruoli, i nostri nomi e riconosciamoci come esseri umani, come miracoli. Un essere umano, chiunque sia, è il culmine cui la natura è giunta e da essa si differenzia per l'estrema imprevedibilità, per la misteriosa e prodigiosa presenza.

Forse è possibile che più universi umani possano comunicare, al prezzo dell'abbandono di ogni costruzione convenzionale, residuo del pensiero; forse comunicare significa essere presenti l'uno all'altro, tramite tutti i canali di cui l'umana e poliedrica personalità dispone, dalle azioni al calore corporeo.

La supplenza

Mi affidano una supplenza annuale di educazione musicale in una scuola media fuori Milano: un'occasione unica per incontrare il mondo giovanile e la sua musica, e anche una boccata d'ossigeno per l'affitto del mio monolocale!

Sul treno che mi porta verso la nuova scuola, fantastico: chissà che avventura sarà avvicinare i giovani ai grandi capolavori della storia della musica, condividere con loro l'intensità crescente della scrittura orchestrale di Wagner, oppure perdersi nell'intreccio di voci delle fughe di Bach, o ancora capire insieme il perché della dodecafonia.

Ma sono un idealista e già dalle prime lezioni mi scontro con il più totale e completo disinteresse da parte dei miei alunni.

Si aggiungono tre aggravanti.

La prima è il mio carattere poco autoritario, completamente privo di quel *quid* innato che ogni professore deve emanare per ricevere il rispetto e l'attenzione della classe. Ed è inutile fare la voce grossa o minacciare una nota sul registro.

La seconda è la scarsissima considerazione che i ragazzi hanno dell'ora di musica, relegata all'ultimo posto tra le materie. Non parliamo poi della scarsa considerazione per il prof di musica, nonostante i suoi immensi sacrifici per studiare uno strumento.

La terza aggravante è Antonio, il leader di quella furibonda II C.

Antonio, come molti leader carismatici, è piccolo di statura, mingherlino, dotato di un'energia inesauribile. Sembra animato da una pila atomica. Vivace, troppo vivace, tanto da interrompere qualsiasi mio discorso, non si fa alcuno scrupolo a giudicare noiosissimi i miei argomenti, trascinandosi dietro tutta la classe.

Ogni mio tentativo di ascolto musicale è accompagnato da plateali gesti di disappunto di Antonio, seduto nel primo banco, che si gira cercando l'approvazione dei compagni di classe, finché torna sovrana la confusione, interrotta brevemente dalle lamentele del collega della classe a fianco. E così, alla mia frustrazione si aggiunge anche la vergogna.

Grazie alla sua esuberanza ha guadagnato l'appoggio dei bidelli, del personale di segreteria ed entra ed esce dai laboratori senza chiedere il permesso. Ai consigli di classe si parla solo di lui e io prima di entrare in II C devo prendere un respiro profondo.

Proprio nell'armadio di un laboratorio scopre uno stereo con il lettore cd e spesso, durante la ricreazione, trasforma la classe in una discoteca, ballando, devo ammettere anche bene, sulla cattedra, incitando i compagni in un sabba infernale.

Però nei suoi occhi brilla la luce dell'intelligenza e in fondo ha qualcosa di buono, per cui alla fine gli si perdona tutto.

Antonio ha con sé nello zainetto una raccolta impressionante di cd scaricati da internet. Si tratta degli ultimi successi della dance o delle colonne sonore degli spot pubblicitari più popolari. Tante volte in classe, durante un tentativo di ascolto di musica classica, mi viene presentata espressa richiesta di mettere su un cd di Antonio. Spiego ai ragazzi che sarebbe meglio ascoltare i brani che non avrebbero modo di sentire altrove, mentre è inutile prestare attenzione a qualcosa che già ci bombarda le orecchie attraverso la tv e la radio. Di fronte al mio rifiuto si viene a creare una netta spaccatura tra loro, i giovani e la musica che amano, e me, un residuato del passato, con la musica colta e classica.

Così decido di cercare la complicità di Antonio. Certe volte bisogna anche cedere. «Caro Antonio» gli dico «la prossima volta ascoltiamo uno dei tuoi cd, ma devi prima spiegare alla classe di cosa si tratta.»

La volta successiva, sulla cattedra c'è lo stereo e Antonio, nelle impacciate vesti del professore, cerca di imbastire una descrizione di quanto ascolteremo di lì a poco. In realtà, non va oltre il nome del gruppo e il titolo della canzone.

Il suo cd masterizzato è, come dire, anonimo, proveniente da qualche dj indefinito, senza storia. Ma contiene l'ultimo successo del momento, destinato a essere scavalcato da qualche altro successo nel giro di poche settimane. Queste sono le mie considerazioni, ma ovviamente le tengo per me, per non rompere l'incanto di vedere per un attimo la classe attenta.

Per un po' ho la sensazione di essere accettato dai ragazzi, di essere riconosciuto come uno di loro. Piacevole sensazione.

Premo Play.

Subito c'è meraviglia e soddisfazione generale, con sguardi di approvazione fra tutti noi. I ragazzi si guardano elettrizzati, perché qualcosa del loro mondo è finito a scuola. Poi accade un cambiamento inatteso. Nonostante la canzone sia di grande successo, nonostante tutti la conoscano, dopo circa venti secondi di ascolto i ragazzi si estraniano e cominciano a parlottare tra loro, o a disegnare. Si distraggono annoiati. Qualcuno si gira per chiedermene un'altra. Cambio brano: stessa scena, grande euforia all'inizio e noia dopo pochi secondi.

Nelle lezioni successive inizia la processione dei ragazzi che portano il loro cd. Non potendo accontentarli tutti, ne ho visti alcuni piangere di rabbia e levarmi il saluto per il resto dell'anno. È chiaro che quella musica contribuisce al rafforzamento della loro identità. La situazione sembra andare alla deriva: la mia ora di musica trasformata in un salotto in cui cerco di darmi delle giustificazioni sociologico-didattiche per quanto sta accadendo, mentre gli sguardi annoiati dei ragazzi sembrano comunicarmi anche una certa delusione nei miei confronti.

Chi l'avrebbe detto che sarebbe stato proprio Antonio a creare la svolta, a dare un tumultuoso scossone alle mie lezioni? Una mattina, durante la ricreazione, Antonio mi informa entusiasta: «Mi iscrivo alla banda! Suonerò il clarinetto!».

«Tu... il clarinetto? È una notizia sconvolgente!» gli rispondo.

E lui aggiunge: «Me lo danno la prossima settimana, magari lo porto a scuola!».

Poi scappa via correndo, come suo solito.

Rimango senza parole a immaginare Antonio, quell'Antonio lì, alle prese con le ance, i Si bemolle, le chiavi, il solfeggio. Mio padre è stato insegnante di clarinetto, ne conosco bene l'universo e vedere Antonio in quel mondo mi sembra proprio strano.

In quella mattina memorabile, sulla cattedra giace una custodia nera, chiusa e misteriosa. Non ho detto a nessuno che Antonio ha portato il suo clarinetto. Lui mi guarda con il sorriso complice, miracolosamente in silenzio, mentre negli occhi dei compagni si forma un punto interrogativo.

Dopo qualche minuto, spontaneamente, nell'aula scende un'attenzione irreale che non avevo mai percepito prima, in tutto il corso dell'anno.

Antonio si alza e annuncia ai compagni che quello è il suo clarinetto. Quindi avvicina le mani alla custodia, ma io gli afferro subito le dita. «No! Non aprirlo ancora! Spiega bene, per filo e per segno, come mai adesso lo possiedi.»

Racconta che nel paese c'è una banda che ha una lunga storia, in cui suonano molti suoi amici e parenti. Lo hanno invitato alle prove, gli è piaciuto e adesso ha un clarinetto che sta imparando a suonare.

«Ora puoi iniziare ad aprirlo, mi raccomando, con lentezza.» È infatti la prima volta che in classe c'è un silenzio così e non voglio che finisca subito.

Appena sollevato il coperchio tutti i ragazzi allungano il collo.

«Cosa vedi?»

«Un clarinetto!... Smontato.»

«Cosa senti?»

«Come, cosa sento?»

«Cosa senti con l'olfatto?»

«È vero! Appena apri la custodia, esce un profumo.»

I ragazzi allungano il collo ancora di più.

«Bene, adesso puoi montarlo, ma prima spiega ai tuoi compagni i diversi pezzi che lo compongono, come si chiamano e a che cosa servono.»

Grande scalpore desta l'ancia, così sottile da essere quasi trasparente. Fa impressione sentire Antonio parlare di barilotto, campana, portavoce e addirittura chiave del Sol diesis.

Ma la meraviglia scende tra noi quando, con sguardo improvvisamente serio, munito anche di leggio e spartito, suona le sue prime cinque note: Doooo, Reeee, Miiii, Faaaa, Soooool, con un bel suono deciso e fermo.

Dopo un attimo di silenzio estatico, arriva l'ovazione!

Arriva anche il collega della classe accanto, giusto il tempo di affacciarsi dalla porta e vedere Antonio con il clarinetto in mano: per lui un'immagine difficile anche solo da concepire.

«Ancora! Ancora!» gridano i compagni.

Per un attimo Antonio mi guarda incredulo, come se non si aspettasse tanto entusiasmo, come se per la prima volta in vita sua avesse ricevuto un applauso.

Di nuovo silenzio in classe.

«Adesso vi suono *Tanti auguri a te*. È difficile...»

E così fa. Con una piccolissima esitazione al centro, ma la porta fino in fondo.

Altro grande applauso.

Questa volta Antonio solleva le braccia al cielo come fosse un pugile sul ring che ha appena vinto un incontro.

Suona la campanella, quella della ricreazione, ma non si muove nessuno. Dico ai ragazzi che sono molto sorpreso, soprattutto dal fatto che abbiano regalato molta più attenzione a poche note di clarinetto che alle canzoni del momento. E li ringrazio per la loro gentilezza nei confronti di Antonio. Ci diamo appuntamento alla lezione successiva.

Non ho più fatto l'insegnante di musica a scuola e questa è tra le immagini più significative che conservo del mondo giovanile e del suo rapporto difficile con la musica.

Sogno una società dove venga data a tutti i ragazzi l'opportunità di avvicinarsi a uno strumento. La loro vita vicino alla musica cambierebbe radicalmente e chissà, si avrebbe più rispetto per la cultura, per la propria esistenza, senza anestetizzare la mente nell'inutile sforzo di vivere i sogni degli altri.

Il sogno americano

«Prof, io porto la Callas.»

«Ah, bene! E perché?»

«Non so, mi ha sempre appassionato.»

«Ok, Silvia, la prossima volta leggi la tua ricerca e ne parliamo in classe. Non mi scaricare da internet un papiro, bastano poche cose ma importanti.»

A scuola fervono i preparativi per l'esame di terza media e nonostante Silvia sia tra le più brillanti della classe, sente più degli altri il peso delle aspettative.

Nella lezione successiva espone la sua ricerca.

«Dunque... Maria Callas è stata la più grande cantante lirica...»

Silvia va come un treno, è bravissima e confesso che della vita della Callas ne sa più di me.

Presto attenzione a ciò che dice, in segno di rispetto per il suo studio approfondito.

«... e così mette da parte i soldi, organizzando un

piccolo concerto, per finanziarsi un viaggio a New York...»

«Cosa?»

«Sì, prof, lei riteneva importante per il suo sogno spostarsi a New York e per farlo si organizzò un concerto per raccogliere i fondi necessari. Era una donna molto determinata, la Callas!»

«Ma... veramente?»

«Prof! Come, non lo sa?»

Suona la campanella.

I ragazzi iniziano a rincorrersi, ma io resto seduto in silenzio, con le mani davanti alla bocca e i gomiti stretti sulla cattedra.

La Callas ha inseguito il suo sogno a New York... il suo sogno a New York...

Qualcosa dentro di me si accende, una luce, non so, un entusiasmo, un sorriso.

Ma sì! Perché no?

Poi guardo Silvia. Eccola là che ride con le compagne. Eccola, la portatrice del segnale, che per fortuna ho raccolto e ho saputo riconoscere. Quando insegui un sogno, nella tua strada incontri tantissimi segnali che ti indicano la direzione, ma se hai paura non li vedi.

Ho le lacrime agli occhi. Mi avvicino e le dico: «Grazie, Silvia».

«Ma di cosa, prof?»

Vengo anche a sapere, tramite una banale e-mail, che una scrittrice italiana nel periodo estivo affitta il suo monolocale a Harlem. La contatto. È fatta. Compro i biglietti: andrò a New York.

Non è ancora successo niente, ma mi sento già il più grande pianista del mondo!

Tutto diventa sacro: l'aereo che mi porterà, la tecnologia aeronautica che ha permesso di costruirlo, il comandante che lo guiderà, gli studi che ha fatto per imparare a pilotarlo, il cielo, l'aria, il carburante.

Tutto è sacro!

Durante il viaggio provo una profonda gioia e anche un po' di orgoglio: ci sono molti uomini d'affari, turisti, ma io, io vado a realizzare un sogno artistico!

La ruota dell'aereo tocca la pista. Un brivido, poi l'euforia se ne va, eh sì, perché New York è grandissima e non sta certo a braccia aperte ad aspettare me!

Non parlo neanche bene l'inglese...

I primi giorni mi ambiento.

Poi inizio a bussare alle porte dei teatri: è durissima! Sto cercando di ottenere in un mese ciò che un artista di qui riesce a ottenere in anni. E forse mai. Alla Brooklyn Academy of Music una signora mi fa capire che il pianoforte solo non fa al caso loro. Da un'altra parte mi dicono che chi si occupa della programmazione è in ferie.

Non ho mai visto New York tanto grande e irraggiungibile. Fare il turista è facile. Si accomodi! Paghi il suo biglietto, siamo qui per lei... Ma se vuoi entrare nel cuore artistico della città, diventi un nemico. Entri subito in concorrenza con migliaia di artisti che da tutto il mondo, come te, stanno inseguendo il proprio sogno.

La sera torno a casa distrutto. Cammino per le vie buie di Harlem ma, anche se dovrei, non ho paura di niente! Ho la musica in testa.

Nei giorni a seguire, ancora porte chiuse.

Alla Carnegie Hall posso entrare solo per una visita guidata, ma gli uffici sono chiusi.

Almeno la prossima volta so dov'è.

Però, comincio a capire la metropolitana, a riconoscere le strade e a sentire Harlem un po' mia, con il suo supermercato dove compro il *cat fish* e con la biblioteca scalcinata sotto casa, dove da un internet point cerco gli indirizzi e mando le e-mail.

Nella biblioteca sono l'unico bianco. Sono sempre il primo a entrare e spero che nella casella ci sia qualche risposta alle e-mail che ho mandato, ma nessuno mi considera. La biblioteca trabocca di libri che parlano della lotta di emancipazione dei neri nei confronti dei bianchi, con moltissime foto dei roghi e dei cappucci del Ku Klux Klan. Il personale mi guarda con sufficienza e intuisco ancora vivo risentimento per la mia pelle bianca. Non posso biasimarli, ma io in questo momento sono la persona più inoffensiva e vulnerabile del mondo. Cerco di farlo capire con il mio sorriso.

Quando la sera vado a dormire, esausto, metto gli

occhiali sul comodino e ascolto dalla finestra socchiusa gli echi di un gospel proveniente da una chiesa a due isolati da qui.

Non c'è bisogno di pregare: tutto è sacro.

Ma il tempo a mia disposizione sta per scadere. Mancano solo dieci giorni e non ho concluso nulla.

Arriva l'ansia.

Anche quella è un segnale, atavico, che ti salva. È dolorosa lì per lì, ma per evitarla sono costretto a fare qualcosa. Su un foglietto ho il numero del Blue Note, il tempio mondiale del jazz. Ho già mandato due e-mail, senza risposta: io chiamo!

Scendo in strada, c'è una cabina telefonica. Tiro fuori dalla tasca dei jeans una moneta da un dollaro. Prima di inserirla nella fessura, la guardo serio: «Mi raccomando, fai il tuo dovere».

Compongo il numero. Squilla libero.

«*Hallo!*»

«*Ehm... Good morning, is it the Blue Note?*»

«*Yes.*»

«*I'm Giovanni Allevi, a pianist and composer from Italy. My dream is to meet you to let you listen to my music... Do you think it is possible?*»

«*Mmm, well, yes. Maybe.*»

Ha detto «*Yes*»!

Ha detto «*Yes*»? Ha detto «*Yes*»? Oh, mamma mia! E adesso? Devo chiedere un giorno per l'appuntamento, ma io non li ricordo i giorni in inglese! O meglio, confondo sempre *Tuesday* con *Thursday*... se mi dice uno di quelli e io non lo capisco? Che figura ci faccio? Ma non ho scelta.

«*Thank you! Really! When do you think it is possible?*»

«*Tomorrow.*»

«TOMORROW»! Ha detto «*tomorrow*»! Lo so dalle elementari! Significa domani!

Non mi devo distrarre. Incalzo.

«*And... at what time?*»

«*Maybe at eleven.*»

«*Thank you, mister...?*»

«*Steve.*»

«*Thank you, mister Steve! Thank you... See you tomorrow!*»

Mi gira la testa. Penso al mio professore di inglese al liceo: non ero bravissimo, ma sarebbe fiero di me adesso!

Ancora tremo per l'emozione.

Alle dieci sono già lì, nel mitico Village. Sulla strada campeggia l'insegna del Blue Note. C'è una luce di una bellezza imbarazzante e lì vicino in un campo recintato molti ragazzi giocano a pelota e a basket. Ho un'ora di anticipo. Non vado in giro. Resto a fissare la porta dall'altro lato della strada. Ho un appuntamento con il mio destino.

Alle undici meno dieci entro.

Ciò che mi colpisce è il buio. È davvero buio e faccio fatica a mettere a fuoco, soprattutto a causa della forte luce là fuori. C'è un ragazzo alla reception.

«*I have an appointment with mister Steve at eleven.*»

«*Wait a moment.*»

Telefona a qualcuno. Mi sembra che le sue parole siano prive di emozione. La musicalità della voce mi dice già tutto della persona. Questo ragazzo mi fa paura perché intuisco che nel caso dovesse esserci qualche problema, certo non mi aiuterà.

«*Mister Steve is coming, please, wait over there*» e mi indica una sedia in fondo.

Bene, una speranza ancora c'è.

Mi siedo e aspetto. Mezz'ora... un'ora... un'ora e mezza...

Ogni tanto guardo il ragazzo che mi ignora totalmente. Proprio a fianco a me c'è il palco con sopra il pianoforte. Chissà com'è suonare qui. Su quel palco è passata la storia del jazz. Ovunque ci sono le foto dei grandi, ma preferisco non guardarle: aumentano il mio senso di ansia e di spaesamento.

Entrano delle ragazze di colore e si mettono a pulire i tavoli. Devo spostarmi, mi siedo più vicino al pianoforte. Dopo circa mezz'ora che spolverano, cominciano a chiedersi sottovoce chi sia quel ragazzo seduto, solo e zitto. Non si muove, non dice niente: starà aspettando qualcuno. Iniziano anche a mangiare, tutte insieme in un tavolo davanti a me. Non si crea tra noi il minimo contatto umano. Di fatto mi ignorano. Magari sono abituate alla scena. Chissà quanti ne vengono. Dopo aver mangiato spolverano e se ne vanno. Sono le tre del pomeriggio e ancora non viene nessuno.

Aspetto un'altra ora, sono tesissimo, ma non demordo.

Ogni tanto il ragazzo senza espressione risponde al telefono e ogni volta sobbalzo perché penso che sia mister Steve. Invece riceve solo le prenotazioni per il concerto di stasera.

Mi avvicino a lui per chiedere delucidazioni sul mio appuntamento. Lui capisce al volo e prima che io possa dire qualcosa, telefona alla direzione.

Si gira e mi comunica: «*It would be better tomorrow*».

La mia delusione è forte. Ecco il destino che prova a cambiare direzione. Ma non mi arrendo. Sì, tornerò domani e dopodomani ancora, se sarà necessario. Ho una paura folle, non conosco la lingua, mi sento solo, ma c'è una smania dentro di me, c'è qualcosa che mi dice che io devo essere qui.

Il giorno dopo arrivo alle dieci.

Stessa scena, stesso posto, ma il ragazzo è un altro. È gentile con me e ha una voce musicale.

Anche lui mi chiede di aspettare. Stessa sedia. Fortuna che c'è lui, il pianoforte, l'unico che forse desidera veramente incontrarmi. Sento che mi parla. Mi sussurra: «Giovanni, non ti preoccupare se aspetti, l'ansia che stai sentendo adesso è nulla rispetto alla gioia del concerto che faremo insieme. E poi ricorda: queste persone ora ti fanno paura, ma sono esseri umani, fragili e indifesi come te! Aspetta, Giovanni. Già solo essere qui è un sogno».

Quando vedi il mondo con gli occhi della Musica e del sogno, puoi parlare con gli oggetti senza alcun problema.

Ecco di nuovo le ragazze a spolverare. Ormai le riconosco.

Si fa l'una e il ragazzo alla reception, di sua spontanea volontà, chiama la direzione. Gli sento pronunciare il mio nome e spiegare che aspetto da due giorni.

Si gira verso di me.

«*Ok, mister Steve is coming*» mi dice sorridendo.

In realtà attendo ancora un paio d'ore. Ma poi finalmente arriva un ragazzo sulla quarantina. Ha il cappellino con la visiera e un'aria gioviale.

Me lo immaginavo austero e più anziano.

Si scusa per avermi fatto aspettare due giorni.

Gli rispondo che non fa niente, anche se sto per avere un esaurimento nervoso e la mano mi trema.

Mi indica il pianoforte.

Il pianoforte non mi parla più. Ora è di nuovo un ostacolo da superare. Forse anche lui vuole vedere di che pasta sono fatto. Apro il coperchio. È uno splendido Bösendorfer. Un altro segnale. Ho registrato un disco con il Bösendorfer. Se non lo conosci ti frega. Ma io lo conosco.

«Fai il bravo» gli sussurro accarezzando i tasti.

Suonerò due brani violentissimi. *Piano karate* e poi *Ossessione* che ho pensato per l'occasione.

Anche le ragazze smettono di spolverare appena inizio a suonare.

Si può dire che ho aspettato una vita intera per questa audizione? Che non ci ho dormito la notte, che ho bussato a mille porte, che nei prossimi quindici minuti io incontrerò l'America per la prima volta?

Sussurro: «Tutto l'Amore del mondo sulle mie dita». E attacco.

Sono una furia. Quasi lo faccio a pezzi, quel pianoforte. Mi sento il più grande pianista del mondo, non importa ciò che accadrà. Dopo l'ultimo accordo, le ragazze sono attonite e mi guardano con occhi sbarrati.

Non immaginavano che sarei stato capace di tanta aggressività musicale, a vedermi così impacciato sulla sedia. Il cuore mi batte all'impazzata e sento un sibilo nelle orecchie.

Mister Steve sorride: «*You need an engagement*».

Mi invita a seguirlo nel suo ufficio.

Cos'è l'«*engagement*»? Non lo so.

Ecco cos'è: un contratto! Apre l'agenda e mi chiede in quale periodo voglio fare il mio concerto. Io tengo ancora chiuse dentro di me le emozioni e penso: più tardi possibile! Così il sogno dura di più!

Decidiamo per lunedì 7 marzo 2005, tra sette mesi. Lo scrive sull'agenda e lo riscrive su un foglietto che mi consegna. Prima di salutarci mi fa una domanda di cui non capisco il senso: mi chiede con chi sono venuto.

Come con chi?

Per conto di quale organizzazione.

Sono solo.

È stupito. Solo?

Sì, sono solo io. Anzi no. «*With me there is the Music!*»

Scrolla le spalle. Sorride. Mi saluta e se ne va.

Esco.

Non respiro ancora.

Vado in metropolitana.

Non respiro.

Esco dalla metropolitana a Harlem.

Un'emozione violenta mi travolge, finalmente, impetuosa come una cascata. Tremo tutto. Mi trema la mano. Guardo il foglietto. Piango. Lo rivolgo al cielo. New York è mia! Tutta quella gente, tutti quei grattacieli sono miei! Metto il foglietto in tasca. Metto New York in tasca!

Mi sorride anche la Callas.

Sono quei momenti in cui ti senti fuso con il cosmo.

Passo tutto il giorno a girare per Harlem, la parte sotto casa, al confine con il Bronx, e osservo ogni particolare. Harlem con le sue case basse, colorate. Vedo quanta bellezza c'è intorno a me. La gente vive in strada e tutto sembra essere in mano alle donne. Loro, nonostante la povertà, mantengono una cura maniacale per i capelli e per le unghie. I capelli delle bambine sono bomboniere, un virtuosismo di treccine e fiocchetti che incanta.

Appoggio gli occhiali sul comodino: è ora di dormire. Grazie!

Il giorno dopo mi sveglio alle cinque e mezza.

Ho ancora tanta di quell'adrenalina addosso che non riesco a dormire tranquillamente.

Mi alzo comunque a preparare la colazione. Nel frigo il latte è finito. Decido di uscire, vado a comprarlo al Pat Mark che ha aperto da poco.

Perché sono uscito così presto per fare la spesa? Ho bisogno di incontrare la vita! Di sentirmi vicino all'esistenza, di rubare a questa felicità più minuti possibili.

Il supermercato è enorme, ma ormai ne conosco ogni angolo. So dove trovare il latte, il pane, e già che ci sono vado al bancone del pesce fresco a prendere un filetto di *cat fish*. Non l'avevo mai mangiato prima, ma è perfetto in padella.

Al bancone c'è un ragazzo di colore che sta sistemando il ghiaccio tritato, su cui adagia il pesce, con gesti veloci e sapienti. Per un attimo si ferma e mi guarda stupito, come a chiedermi: «Che ci fa un bianco qui alle sei del mattino?».

«Vorrei un filetto di *cat fish*.»

Senza dire niente me lo incarta.

Poi mi guardo intorno. Penso a questo ragazzo che

fa un lavoro durissimo, al pesce di New York che è sempre fresco, al jazz che è qui nell'aria, al pavimento rovinato fatto di lucide piastrelle colorate.

Non resisto: «Sai, secondo me, questo è il posto più bello del mondo!».

Il ragazzo strabuzza gli occhi, come se avesse sentito un'assurdità. Tra l'altro da parte di un bianco! Avrei potuto dirlo di Central Park, o della parte ricca di Manhattan, mentre qui siamo in uno squallido supermercato di Harlem.

«Ma sei sicuro?»

«Certo!»

«Non sei un turista.»

«Nooo. Sono un compositore, e sono venuto qui, nel posto più bello del mondo, per inseguire un sogno. Suono il pianoforte!»

«Veramente?»

«Sì! Sono a caccia di ispirazione e qui c'è musica ovunque, soprattutto nel supermercato!»

Il ragazzo ha smesso di sistemare il pesce sul ghiaccio e reagisce sorpreso con una smorfia.

«Farai qualche concerto?»

«Sì. Al Blue Note.»

«Cosa?»

È scioccato. Il Blue Note qui è un luogo mitico.

«E con chi?»

«Da solo, suono il pianoforte solo.»

Resta per un po' senza parole.

«*Hey guys!*» grida forte ai colleghi.

Arrivano altri ragazzi di colore e lui spiega con un certo entusiasmo cosa sto facendo.

Non capisco quasi nulla di quello che dice, ma gli sguardi di ammirazione e le espressioni sono inequivocabili.

Mi danno anche calorose pacche sulle spalle.

Io stento a credere a ciò che vedo: sono felici che io sia lì, che abbia scelto il loro supermercato per cercare ispirazione musicale, ma soprattutto hanno un enorme rispetto per la musica, la riconoscono come valore.

«Non ti dimenticare di noi quando verrai a fare il tuo concerto!»

«Certo che no. Siete davvero gentili.»

È già poesia! Quelle piastrelle colorate, quei pesci iridati sul ghiaccio, il calore umano dei ragazzi. Arriva una musica nella mia testa. È chiara, limpida, diretta. È in Re maggiore, una tonalità terrena. Racchiude tutta la bellezza che è davanti ai miei occhi, e il riposo del guerriero che oggi mi concedo. L'affetto spontaneo che quei ragazzi mi hanno donato, nonostante fossi un bianco, è dolce, come il primo sole rosso che attraversa l'aria leggera di questa mattina d'estate.

Il ragazzo del bancone mi saluta così: «Mi raccomando, non aver paura. *Go with the flow!*».

Mi trasformo.

Sembra che i miei passi non tocchino il marciapiede e mi osservo dall'esterno. Divento un'antenna, ricettiva, sensibilissima. Arrivano da ogni parte e mi assalgono... le melodie. Ho un pensiero fisso: per il Blue Note, scriverò tutta musica nuova, approfitterò di questi giorni e di questi mesi per comporre.

Ora sono sulla metro. Scendo alla Sessantottesima. Allo Hunter College c'è un negozio di cancelleria. Compro i fogli pentagrammati.

Passo ore e ore dei miei giorni a New York a trasformare qualunque cosa veda in musica: una bella conchiglia, la ciprea su una mensola del monolocale, il ricordo nostalgico di un amico che non c'è più.

La Musica arriva, come un fiume in piena, e io la faccio posare sulle cose che vedo. La ascolto, la assecondo totalmente. Forse è meglio dire che rivolgo il mio sguardo là dove la Musica me lo suggerisce.

E così mi ritrovo seduto sul marciapiede davanti a casa, vicino a sacchi di spazzatura. C'è la gente, il cielo, le macchine, le bimbe con le treccine. La vita mi appare come un'enorme sinfonia, dove diversi elementi danzano assieme.

Penso a Hegel, all'Assoluto che non può restare nascosto oltre le nuvole, ma che deve concretizzarsi e manifestarsi qui, nel crogiolo delle cose, e questo angolo colorato di esistenza diventa specchio dell'Infinito. «Qui è la rosa, qui danza.» Qui danza!

Una notte poso gli occhiali sul comodino e prima di dormire cerco quel gospel, ma non c'è. Mentre in silenzio guardo il soffitto, invade la mia mente una melodia sensuale e avvolgente, che racchiude tutto il mio amore per questa gente e la sofferenza che ha provato. La chiamerò *Notte ad Harlem*.

Come è diversa la Musica che viene a trovarmi ora! Ha aspettato che compissi la mia impresa epica per manifestarsi, ha voluto garantirsi un palcoscenico d'eccezione, la mia Strega capricciosa! Questa musica è diretta manifestazione del mio sguardo luminoso verso le cose. Non sento più un Giovanni arrovellato e aggrovigliato su se stesso, ma qui si ama, si ama il mondo e ogni cosa risuona e vibra di note musicali. La tecnica è solo un mezzo per dar loro voce.

Torno in Italia e nei mesi successivi inizia, progressivo e inesorabile, il cambiamento intorno a me. La notizia del mio futuro debutto a New York si spande a macchia d'olio, suscitando l'interesse di molti giornalisti, e anche il disappunto di alcuni esponenti del mondo del jazz: «Ma Allevi non è un jazzista, non improvvisa, che ci fa al Blue Note? Sicuramente avrà degli appoggi importanti». Anche loro si sono chiesti: «Chi ce l'ha portato?».

Ho una sola, entusiasmante risposta: la mia Musica, la mia Strega capricciosa!

Tutti vogliono sapere come ho fatto, cosa suonerò e che significa questo concerto. Ho la sensazione di essere passato al livello superiore di un videogioco. Ma non mi faccio distrarre e continuo inesorabile la composizione dei brani.

Un giorno, a dicembre, circa quattro mesi dopo,

decido di andare sul sito del Blue Note di New York per vedere il mio nome sul calendario dei concerti, e faccio una scoperta spaventosa: non ci sono!

Quel lunedì 7 marzo è previsto il concerto di un pianista jazz di colore, Omar Sosa, con la sua band. E il resto del calendario, nei mesi a seguire, è tutto pieno.

Vengo travolto da un'ansia infinita!

Come è possibile?

Che stupido! Che stupido sono stato a non ritelefonare, a non confermare! A fidarmi di un foglietto!

E adesso? Tutti sanno del mio concerto, ma basta fare un clic su internet per smentirne l'esistenza.

I prossimi giorni mi chiameranno importanti giornalisti per le interviste: cosa dirò? Che era tutto finto? Che si sono dimenticati?

Inizio a girare per la stanza come un leone in gabbia.

Faccio i conti con il fuso orario e telefono.

Mi risponde il ragazzo senza espressione: «Mister Steve non c'è. Riprovi domani». E così riprovo il giorno dopo, e il giorno dopo ancora.

Il mio sogno è volato via di nuovo!

Per tutte le vacanze di Natale telefono ogni sera, mando fax, spedisco e-mail. Faccio addirittura conoscenza con una ragazza di turno alla reception che dimostra un minimo di interesse per la mia causa, ma ai loro occhi sono solo uno dei tantissimi scocciatori che vogliono elemosinare un concerto nel tempio mondiale del jazz.

In quel periodo ritrovo i miei soliti compagni d'avventura: la paura, l'ansia e la vergogna. Creo l'immagine mentale del mio sogno: un aquilone d'oro, spazzato via dal vento oltre le nuvole. Ma c'è un filo sottile, anch'esso d'oro, che mi tiene attaccato a lui. Non devo smettere di tirarlo a me!

Continuo a telefonare finché mi dicono che mister Steve è andato in vacanza. Attendo altri giorni e medito di tornare a New York per chiarire. Non potrei in realtà, perché faccio il supplente di musica alla scuola media, ma sono disposto a licenziarmi.

Poi un giorno vedo un'e-mail nella mia casella.

È mister Steve. Mi spiega che c'è stato un problema di *overbooking*, cioè un errore di scrittura di due artisti nella stessa serata. In effetti, in quei giorni tutto l'ufficio era in vacanza, e c'è stato un *misunderstanding*. Per questo, a pensarci, quella prima volta al telefono aveva risposto lui! In genere è irraggiungibile. E me ne sono accorto mesi più tardi! Mi chiede gentilmente se posso anticipare il recital il giorno prima, domenica 6 marzo. Aggiunge che Arturo Sandoval, in concerto per tutta la settimana precedente, ha deciso di riposarsi quella domenica per stare un po' con la famiglia, lasciando scoperta la data.

Ma certo. Ma certo!

Inizio a saltare di gioia. Sono rientrato nel videogioco.

E vedo la Callas che mi ammicca: «Hai avuto paura, eh?».

Ora dico: «Grazie, Arturo Sandoval! Io non ti conosco di persona, ma chiunque tu sia, sei un brav'uomo, oltre che una stella del jazz, e hai fatto bene a stare un po' con la famiglia. Non si può lavorare sempre!».

Scopro così che gli artisti più importanti tengono il concerto nei giorni infrasettimanali. Il lunedì invece è dedicato ai giovani emergenti, diciamo simpaticamente gli sfigati, e lì dovevo esserci io. La domenica, invece, è proprio insignificante, perché in quel giorno il pubblico newyorkese è di ritorno dal suo weekend fuori città. Quindi peggio ancora!

Ma pazienza, va bene così. Andrà meglio la prossima volta. E poi, io nella musica non ho mai fatto questione di numeri. A me basta emozionare anche una sola persona.

Rispondo alle interviste con entusiasmo rinnovato e comincio a leggere sui giornali italiani: «Grande attesa per il debutto di Allevi a New York».

Arriva marzo, con il suo timido sole, ma il giorno della mia partenza da Milano si abbatte sulla città una eccezionale bufera di neve che blocca il traffico aereo. A causa del gelo si rompe anche il trenino che mi conduce all'aeroporto e io rischio di perdere il volo.

Quindici interminabili minuti di sosta. Poi, come per magia, il motore si rianima, e si riparte.

Il debutto a New York

New York, 6 marzo 2005

Arrivo nel camerino del Blue Note già nelle prime ore del pomeriggio: è piccolo, stile anni Settanta. Qui, dove sono io, hanno atteso nervosamente Miles Davis, Ella Fitzgerald, Duke Ellington. Nel camerino siamo tutti uguali, seri e in silenzio, pronti a fare il salto nel buio. Mi guardo allo specchio: sono un capellone, coperto di maglioni e guanti di lana, anche se non fa freddo. C'è anche la mia immancabile torta al cioccolato, che chiedo sempre prima dei concerti. L'unica differenza è che mi hanno portato una fetta veramente enorme.

Fuori ci sono diversi gradi sotto zero. Mi faccio scattare una fotografia all'entrata e guardandola mi accorgo che dall'insegna pendono delle stalattiti di ghiaccio. Ci si mette anche il freddo: non verrà nessuno. Ma io confido in quelle intense parole che sono riuscito a dire ieri, in una fortuita intervista radiofonica: «Vengo a vivere il mio sogno americano, anche solo per un giorno».

Verso le cinque entra nel camerino un signore italiano che vuole conoscermi. Sembra gentile e lo accolgo, anche se, ormai mi conosco, prima di suonare non riesco a parlare ed è molto difficile per me intavolare una conversazione. Si siede sul divano e mi dice che è dispiaciuto per me: sono stato sfortunato.

Lo guardo accigliato.

Da più di una settimana a New York c'è un festival del jazz italiano, organizzato da lui, ben promosso sulla stampa, che purtroppo per me ha attirato l'attenzione del pubblico. È un peccato non essere dentro quel meccanismo. La prossima volta che voglio fare un concerto devo chiamare prima lui.

Ma guarda questo qui! È domenica, fa un freddo cane, non c'è una riga sulla stampa, tutti vogliono andare a sentire il festival del jazz italiano, io sono qui senza raccomandazioni di nessuno, per di più sono in ansia... e me lo vieni pure a dire? Prima di suonare?

Vengo preso da una momentanea depressione. Ma poi ripenso a tutta questa storia, alla Callas, ai ragazzi nel supermercato, all'*overbooking*, al mio sogno.

Mi guardo ancora allo specchio: certo che sono un temerario...

Il pianoforte solo fa paura. Devi veramente avere

qualcosa da dire, da gridare, da sbriciolare con funambolica follia, altrimenti qui ti uccidono. Il fatto è che io devo lasciarli secchi tutti.

Mi dico sorridendo che non ho fatto novemila chilometri per sollazzarli, ma voglio stregarli, perché dalla mia ho nelle dita Liszt, Chopin, Ravel, Rachmaninov, cioè la tradizione pianistica europea che gli americani non posseggono. Voglio prenderli allo stomaco, alla pancia, sulla pelle, suonare talmente piano da costringerli a trattenere il fiato. E poi voglio essere totalmente me stesso, libero di volare su quei tasti senza pensare di ricevere niente in cambio, né un applauso, né il consenso.

Si sono stupiti che non abbia portato con me i cd da vendere. Io vendere? No, non me la sono sentita, non questa volta. È il concerto più importante della mia vita, è per me un evento unico e irripetibile di poesia e sogno: voglio che quei pochi che verranno vadano via di qui solo con il ricordo del concerto. Non è questo il momento di vendere, ma di darsi totalmente, con tutta la passione, di accarezzare i tasti del pianoforte e, attraverso quelli accarezzare l'anima di chi mi ascolta, entrare nel cuore, nel respiro.

Non fa niente se saranno in pochi: darò tutto me stesso, come al mio primo concerto con cinque persone.

Sono le otto. Viene a chiamarmi una ragazza coreana del personale. Siamo al piano superiore e per arrivare al palco bisogna scendere una scala, ma già appena apro la porta del camerino, mi accorgo di un gran vocio proveniente da sotto.

Dopo pochi secondi, una scoperta sconvolgente: il Blue Note è pieno. Non pieno: strapieno!

C'è la fila fuori! È tutto esaurito anche il secondo concerto previsto alle dieci e mezza.

La ragazza coreana mi fa aspettare sulla scala, scende tra il pubblico e prende un microfono.

«Ladies and gentlemen, Giovàaaani Aléveiii!»

Parte un grandissimo applauso e io non capisco come salire sul palco, tanta è la gente assiepata sotto.

Decido allora di farmi largo, sgomitando anche un po'. Una signora anziana che non mi ha riconosciuto si arrabbia, mi trattiene per un braccio e grida: «*Hey, guy! Where are you going?*».

Ma finalmente sono davanti al pianoforte. È il mio amico, lo riconosco, ma mi pone sempre una sfida, mi chiede sempre il massimo dell'onestà, della trasparenza e della forza.

«Fai il bravo» bisbiglio accarezzando i tasti.

Chiudo gli occhi, respiro e ripeto mentalmente la mia invocazione: «Tutto l'Amore del mondo sulle mie dita!».

Cerco la perfezione. Cerco l'intenzione travolgente.

Ho un cerotto sul polpastrello medio della sinistra che ancora mi fa male, una ferita che mi sono procurato stupidamente, ma sono talmente concentrato da non sentire niente. Le dita vanno veloci, il cuore batte, sono piegato in avanti e i miei ricci quasi toccano la tastiera.

Con gli occhi chiusi c'è il buio: il tatto e l'emozione diventano predominanti. Non penso. Altrimenti sarei spettatore esterno della musica, una macchina. Certe volte, quando ho paura, sono costretto a farlo, per mantenere il controllo, ma subito torno nel buio caldo del non pensare: è come accoccolarsi sotto una coperta.

L'ultima nota dopo un'ora e mezza esce insieme a una lacrima.

L'ultima nota. Sospesa nell'aria, con le mani ancora protese, fino al silenzio.

Sollevo la testa.

Riapro gli occhi.

Dove sono? La Musica mi ha portato via.

Intorno a me... il delirio!

E io guardo incredulo il pubblico che applaude forte, che per me ha sfidato il freddo.

Ho compiuto la mia impresa. Commosso e fiero, perché ancora una volta, vent'anni di studi, di sacrifici, di sudore e calli sulle dita, hanno potuto esprimersi.

Mi hanno detto che hanno respirato con me, che addirittura seguivano il movimento ondeggiante e lento della mia schiena. Mi hanno amato, i sognatori, che si cullavano nel mare di musica con gli occhi chiusi e le mani strette sulle guance; mi hanno amato, cercato, fotografato, mi hanno lasciato pensieri d'amore, di emozione, di entusiasmo.

Evviva il sogno, evviva la passione che ti porta lontano, evviva la vita, questo dono immenso. Basta abbandonarsi al suo stupefacente fluire. Evviva l'amore, con le sue delusioni, con la sua ebbrezza, tutto nelle mie dita sul pianoforte.

Grazie Dio, per aver consentito al timido pianista italiano di sfidare, da solo, il Blue Note di New York, una luminosa domenica di marzo.

Ogni cosa può iniziare

È difficile che si realizzi una qualunque azione, se prima non la si ha ben chiara in mente.

Un'idea, per potersi pienamente attuare, deve rispondere a una condizione fondamentale: prima ancora della sua realistica attuabilità, deve essere chiara e limpida, anche se apparentemente folle.

Trovo pericoloso invece il ragionamento che si ferma alla pura attuabilità dell'idea, perché la maggior parte delle grandi imprese umane sono follie. Se pensiamo solo alla realizzabilità, un grave senso di impotenza ci inibisce, poiché subito confrontiamo l'idea con gli ostacoli materiali che si frappongono alla sua realizzazione.

Perché invece non spostare l'attenzione a un livello precedente, al sicuro dalle frustrazioni, più vicino alla spinta emozionale che sorregge l'idea? Nella solitudine della nostra mente, infiammata dalle aspirazioni e dai sogni, l'idea si forma, a suo modo perfetta, e tanto più sarà forte, tanto più riuscirà a sedurre la realtà, a piegare la materia a suo favore.

Così è stato per la mia idea di vivere eseguendo al pianoforte le mie composizioni. Non potevo fare altro, anche se questo mi ha portato a vivere talvolta di stenti. Il mio sogno era lì ad attendermi, chiaro, folle e inevitabile.

Ora posso dire che ogni cosa può iniziare, perché soltanto a noi sta la prima mossa: concepire un'idea sorretta dall'emozione.

L'idea uscirà nel mondo e travolgerà i muri, avrà sostenitori e detrattori, procurerà ricchezze e delusioni. E attenzione, non esiste la fortuna: esiste la fortuna di avere una idea forte e di crederci fino in fondo.

Diario della registrazione di *No Concept*

Primo giorno

«I suoni sono come le immagini.»

Così dice Emiliano mentre studia la posizione del Bösendorfer nella sala di ripresa, per trovare la soluzione che garantisce la resa più coinvolgente a livello umano.

Gira per la stanza come un rabdomante e sembra veda cose per noi invisibili. Onde che rimbalzano sui muri, pannelli che le assorbono, rischio di battimenti...

Poi, una volta trovata la collocazione giusta dei microfoni e del pianoforte, fotografa tutto e riempie alcuni fogli di disegni, schemi e misurazioni.

Senza dire una parola.

Che emozione!

Ho un dito tagliato proprio sul polpastrello: il medio della mano sinistra. Da quando mi sono stupidamente fatto male con il trapano, è il mio pensiero fisso.

Ho una paura folle di mandare all'aria tutto. Ho utilizzato tutte le creme cicatrizzanti e gli antinfiammatori possibili. Ora non mi fa più tanto male, anzi, direi che è un miracolo che stia così bene.

Sento Emiliano discutere della collocazione del pianoforte nella stanza: basta un piccolo spostamento e il suono cambia. Più secco. Più riverberato.

Il posizionamento è già deciso, ma prima di iniziare a registrare, altre possibilità vengono vagliate, per non avere poi nessun dubbio.

E io?

Sono talmente concentrato che mi sembra di osservare tutto dall'esterno. Non sarà facile, ma ce la metterò tutta. I miei pensieri vanno al tocco, al suono, alle velocità, alla pulsazione.

Abbiamo un grande microfono che è arrivato giusto in tempo dalla California. Non è un microfono convenzionale, ma a nastro, come quelli degli anni Venti. La sua tecnologia è troppo delicata ed è per questo che non se ne producono più. Vengono usati molto raramente: hanno problemi con la temperatura che ne cambia le dinamiche. Al giorno d'oggi meglio qualcosa che funzioni subito, senza dare troppi grattacapi.

Emiliano mi ha però spiegato che in California c'è un ingegnere che costruisce questo tipo di microfono: al suo interno un lungo nastro di alluminio è in grado di cogliere ogni vibrazione, anche la più impercettibile, ed è perfetto per noi, perché il nostro pianoforte esprime uno spettro incredibilmente ampio di frequenze. Ma il nastro è talmente sottile e fragile che Emiliano, per estrarre il microfono dalla sua custodia di legno, lo maneggia come una reliquia e lo pone sull'asta con movimenti lenti e accurati.

Comincia a svilupparsi in me una specie di apatia, di difficoltà a relazionarmi con il mondo esterno: diventa difficile parlare con le persone e anche vedere quello che mi succede intorno.

È giusto così: è la concentrazione.

Provo a suonare *Ossessione*, il brano tecnicamente più impegnativo e, accidenti... si riapre la ferita!

Senza battere ciglio prendo i cerotti dallo zainetto e circondo il polpastrello in modo tale che la ferita non tocchi direttamente il tasto. Lascio un piccolo spazio tra il polpastrello e il cerotto creando una sorta di impalcatura vuota, che ho già ideato a casa.

Ora Gianfranco sta accordando il pianoforte. È quasi l'una e tutta la mattina se ne è andata per la preparazione. Comincio a essere inquieto, ma questo lavoro attorno al pianoforte serve affinché il risultato sia il migliore possibile. Non bisogna avere fretta.

Qui nel suo campo ognuno è un talento e deve potersi esprimere al meglio.

A parte il dito, rispetto alle registrazioni precedenti, mi sento su un altro pianeta. Sento che questo disco è inserito in un progetto, in una storia. E pensare che tutto è nato per un gesto di amicizia!

Quando sembrava che l'Italia non potesse darmi più nulla, abbandonato dalla mia prima casa discografica, la Soleluna, e costretto a fare il cameriere per arrivare alla fine del mese, ho provato a cercare il mio destino all'estero. Sono arrivati i primi concerti e poi il mitico *engagement* al Blue Note di New York.

E il mio amico Riccardo, che fino a quel momento mi invitava a cena a mangiare zighinì per confortarmi di quella assurda situazione di indifferenza in cui mi trovavo, e anche per sfamarmi visto come mi ero «sciupato», un giorno mi ha detto: «Non è possibile che con il tuo talento, tu sia lasciato alla deriva! La creo io un'etichetta per produrre il tuo disco!». E così ha deciso di inventare per il mio progetto un'etichetta discografica da zero: la Bollettino.

Ora so che cosa mi aspetta, sono consapevole di tutto ciò che c'è intorno e al mio fianco ho persone belle e sensibili. È una nuova avventura.

Emiliano è molto sereno. Segue il mio percorso già da un paio di mesi, è venuto a sentirmi al laboratorio, dove ha testato sul pianoforte tutti i microfoni possibili; è calmo e meticoloso.

Si parte nel migliore dei modi. Il mio compito è fare quello che ho sempre fatto: devo solo ricordarmi che vengo a concludere un lavoro di anni. In questi giorni non mi invento niente, il cd è come già fatto.

Sono le quattro e mezza del pomeriggio e abbiamo appena finito di piazzare i microfoni. È stato un lavoro lungo che ci ripagherà dello sforzo. E io, che ancora non ho registrato una nota, sono già stanco.

Mi riposo un po'.

Torno a casa alle dieci di sera.

Alle cinque abbiamo iniziato a registrare.

È stato bellissimo quanto inaspettato: ho eseguito il primo brano alla perfezione. Il secondo, più ritmico, sembrava fuori fuoco. Poi altri cinque brani alla perfezione.

I brani mi sono sembrati poesie, foto in bianco e nero, lettere d'amore scritte su una carta stropicciata.

Abbiamo registrato quasi tutti i brani lenti. Domani affrontiamo quelli tecnicamente più duri. Nel frattempo do al mio dito qualche ora in più per cicatrizzare. Ma sono sereno: soltanto nel pomeriggio in due ore e mezza abbiamo registrato mezzo cd. E abbiamo ancora tre giorni.

Secondo giorno

Emiliano decide di cambiare la microfonazione già dal mattino presto, escludendo i due microfoni d'ambiente e portandone altri due dentro il pianoforte. Ottiene così il settaggio perfetto. Di fatto però i brani registrati il giorno prima sono divenuti inservibili. Dobbiamo ricominciare tutto da capo, guadagnando però un suono di grande qualità.

Ascoltando le registrazioni in cuffia percepisco esattamente ciò che sentono le mie orecchie mentre suono davanti al pianoforte seduto sullo sgabello: la stessa distanza, le stesse risonanze. Il suono è molto vicino. Ed è diverso rispetto allo standard delle registrazioni nella musica classica, in cui il pianoforte sembra posizionato lontano e noi, gli ascoltatori, sembriamo gli spettatori di un concerto, seduti in poltrona.

Questo pianoforte produce un'imponente ondata di suoni che è davvero difficile gestire. Ogni nota, ogni accordo lascia nell'aria riverberi e risonanze che vanno domate. Ma sono proprio queste che, vibrando all'altezza dello sterno e sulla pancia, rendono il suono emozionante e comunicativo a livello fisico. È entusiasmante come attraverso il lavoro dei pedali riesco a far muovere nell'aria i riverberi a mio piacimento. Nel corso degli anni, in effetti, ho sviluppato un'attenzione maniacale per le risonanze, pari a quella che rivolgo alle note. Solo le risonanze permettono di vedere le note danzare nell'aria.

Abbiamo anche provato a riverberare il suono in modo artificiale, attraverso filtri digitali, come fanno molti, ma così il gioco delle risonanze viene cancellato e il suono perde di espressività e diviene piatto.

Da qui la decisione unanime di portare sul cd il suono originale senza nessuna manipolazione. Il passaggio più semplice e difficile al tempo stesso: dita, strumento, microfono, master.

Nelle esecuzioni del mattino cerco di evidenziare e stagliare meglio le melodie.

Il risultato finale è un po' troppo aggressivo. Non è una questione di note, ma di intenzione.

Nel pomeriggio ripeto tutto correggendo il tiro e ottengo forse le migliori esecuzioni del disco. L'ho sempre detto: il pomeriggio del secondo giorno è magico! L'energia trova il suo naturale equilibrio e il microfono non fa più paura.

Mi impressiona ancora un po' chiudermi dentro la sala di ripresa, trascinandomi dietro quella pesante porta di metallo. Un clac sordo, che incute timore e mi separa dal mondo. Ti senti in un acquario, con le persone dietro il vetro della regia che stanno a guardarti. Aspettano le tue note e non puoi sentire le loro voci.

La sera andiamo a cena. Mangiamo tantissimo e davvero bene! Risultato: dormo poco. Però ci voleva un momento di spensieratezza per rompere la tensione, inevitabilmente alle stelle, anche se tutto procede serenamente.

Terzo giorno

Tutto rifatto. Nel pomeriggio inizio ad avere dei problemi, sia di tecnica sia di memoria, e comincio a preoccuparmi. Ma la spiegazione è molto semplice: il pianoforte si è scordato e il suono è diventato aspro, perdendo dolcezza. La sonorità cambiata interferisce sulla continuità dell'esecuzione, creandomi problemi alla memoria.

Per fortuna arriva il solerte Gianfranco che intona

di nuovo il pianoforte e continuiamo fino alle sette e mezza di sera. Sì, perché l'accordatura è solo il primo passo per la preparazione del pianoforte. Suo padre, il signor Sergio, me lo aveva detto. Mi raccontava di grandi pianisti che commettevano errori in concerto semplicemente perché il pianoforte non era perfettamente intonato. In fondo il pianista cerca un suono che è nella sua mente e se lo strumento non è in grado di restituirglielo perfettamente si crea un problema, una tensione.

Fondamentale quindi è l'intonazione, la ricerca del timbro. Insieme al signor Sergio abbiamo cercato in questi mesi il «mio suono» su quel pianoforte: «europeo» e romantico; un suono che non aggredisce ma che lascia spazio per pensare, che si fa completare, e che continua a vibrare nella mente anche quando è finito.

Quarto e ultimo giorno

La mattina inizia con una sorpresa.

Registriamo di nuovo *Ossessione*, il brano che mi preoccupava di più a causa del dito, ma ora ne abbiamo una grande versione. Questo mi mette così di buon umore che registriamo tutti gli altri brani veloci con un impeto irresistibile: le più belle esecuzioni in assoluto. Molto bello, per essere l'ultimo giorno, una domenica mattina plumbea e piovosa. Ma anche un cielo grigio è carico di note.

Poi andiamo a mangiare, con il morale alle stelle.

Nel pomeriggio non resta che ripetere i pezzi lenti. Nell'aria la felicità di tutti. Ognuno soddisfatto del proprio lavoro. Tutti parlano sottovoce e con gentilezza. E così attacco i brani lenti più intensamente possibile.

Continuo a riascoltare le registrazioni e mi ritrovo a scartarne alcune, anche se intense, anche se le note sono a posto. Devo affrontare la scissione tra il compositore e l'interprete: ho due «critici» in me che non mi danno pace. Il Giovanni esecutore deve rendere conto al Giovanni compositore, ma anche l'esecutore scopre sempre nuove sfumature nella partitura, e mi accorgo di essere continuamente dilaniato da questo conflitto. Temo, come pianista, di non essere all'altezza di ciò che ho scritto, perché compongo la musica lontano dal pianoforte e il pianista arriva dopo. Ma altre volte scopro che la musica che esce dalle mie dita è ancora più bella e intensa di quella che il compositore sentiva nella mia mente. Stranezze!

Registriamo per dieci ore. Nonostante la stanchezza non vogliamo andarcene. Un po' perché non mi accontento mai, ma soprattutto perché dispiace a noi tutti lasciare una situazione di così grande poesia per tornare alla quotidianità.

Alla fine stacchiamo i cavetti, ci salutiamo con affetto, do la buonanotte al pianoforte e lo rassicuro: è stato davvero bravo!

Alle undici crollo, felice e confuso.

Dormo intensamente per un'ora e mezza, poi mi sveglio e non riesco a chiudere occhio fino alle sei. Nella testa ho ancora le melodie. Il cervello le ripassa continuamente e la mia anima è convinta di doverle ancora registrare.

Realizzo solo ora che non ho accusato alcuna stanchezza, nonostante i quattro giorni e le dieci ore al giorno di lavoro.

E ripenso alla mia ferita sul dito: ha cominciato a farmi male sul serio mezz'ora dopo la fine della registrazione. È come se avesse aspettato fino all'ultimo per non darmi fastidio!

Suonare è
un gesto totale.

Prima e dopo i concerti

Il concerto è il momento in cui la mia musica incontra le emozioni del pubblico.

Ma a renderlo unico ci sono anche certi episodi indimenticabili, che spesso accadono prima e dopo l'esecuzione.

Un bambino di circa sette anni mi chiede di autografare un foglietto.

«Come ti chiami?»

«Matteo. Lo sai che suono il pianoforte?»

«Che bello! Allora sei un collega!»

«Eh no! Io suono pure il violino!»

Dopo un concerto una ragazzina mi porge una bottiglia di plastica vuota e chiusa, e mi domanda di autografare un'etichetta bianca che ci ha incollato. Sopra leggo una frase: «Questa bottiglia contiene aria che è stata attraversata dalle note di Giovanni Allevi».

In un'altra occasione, una ragazza vuole che autografi un cd e aggiunge: «Ti prego, mi dai un bacetto?» e mi porge la guancia per riceverlo. L'accontento e lei, nel punto esatto della guancia in cui ho lasciato il mio bacio, appoggia un pezzo di scotch. Lo preme e poi lo stacca, lo solleva in alto e dice fiera agli altri ragazzi presenti: «Ho il Dna di Giovanni Allevi!».

Ma io subito intervengo: «Testimoni tutti! Se sulla scena di qualche delitto viene rinvenuta traccia del mio Dna... io non c'entro niente!».

La splendida piazzetta in cui si svolgerà il mio concerto di pianoforte solo è pronta per ricevere alcune centinaia di persone. Viene, però, letteralmente presa d'assalto da più di duemila ragazzi, che cercano di sistemarsi dove possono. Alcuni si siedono addirittura sul palco, fin quasi sotto il pianoforte.

È ora del concerto e la mia manager mi accompagna verso il centro della piazza, che è davvero difficile da raggiungere.

Un vigile ci ferma e lei subito gli chiede: «Deve andare sul palco. Ci pensa lei?».

«Non è possibile, mi dispiace.»

«Come sarebbe a dire?»

«Eh, signorina, questi trattamenti di favore! Se voleva un posto vicino al pianoforte doveva arrivare prima degli altri.»

«Ma è l'artista!»

«Oh, mi scusi!»

Ridiamo tutti e il vigile ci scorta fino al palco.

Al termine del concerto, la folla inizia a premere verso di me e la situazione si fa critica: la calca diventa pericolosa. Un gruppo di vigili interviene in modo tempestivo, crea un cordone che mi circonda e lentamente mi fa allontanare, mentre i ragazzi continuano a salutarmi festosi e mi fermano per scattare qualche foto con loro.

Il vigile che avevo incontrato all'inizio, stupito per tanto entusiasmo, mi chiede: «Scusi, mi farebbe gentilmente un autografo qui, sul bollettario delle multe?».

Il pomeriggio del concerto faccio due passi sul corso principale, nei pressi del teatro.

Un signore, che passeggia con la moglie e i figli, mi riconosce.

«Non è possibile, non è possibile!» esclama incredulo. «Mi concede una foto?»

«Ma certo!» gli rispondo.

La moglie e i figli hanno l'aria interrogativa e dalla loro espressione capisco che non hanno idea di chi io sia. Nonostante ciò sono costretti dal marito a farsi tutti le foto con me.

È la volta degli autografi e mentre scrivo e disegno il mio pupazzetto, il marito continua a dire tra sé e sé entusiasta: «Non è possibile... È il mio idolo!».

Ci salutiamo e proprio mentre mi giro per andare a teatro, sento la moglie chiedere sottovoce: «Ma chi è?».

E il marito: «Come chi è? È Giorgio Allievi! È famosissimo!».

Alla fine di una tournée, sono ospite di un importantissimo convegno, a cui partecipano personalità di primo piano del mondo dell'editoria, della cultura e della comunicazione. Nella sala in cui esporrò le mie idee sulla musica contemporanea, in prima fila c'è una sedia con un cartoncino dove è riportato il mio nome.

Mi levo il giaccone e lo poso sulla sedia, restando in jeans e felpa.

Subito mi si avvicina una hostess preoccupata e indispettita: «Mi dispiace ma non può posare la giacca su quella sedia: non vede che è occupata? È del maestro Allevi!».

A New York, un pilota d'aereo assiste a un mio concerto. Si entusiasma a tal punto per la mia musica da propormi in segno di stima un regalo a dir poco originale: il giorno dopo mi fa guidare il suo piccolo bimotore, sorvolando il fiume Hudson fino ai grattacieli di Manhattan.

L'anno successivo, durante un altro concerto, racconto questo episodio e una persona tra il pubblico non vuole sentirsi da meno. Infatti dopo pochi giorni, mi ritrovo a guidare il suo yacht.

E pensare che non ho neanche la macchina!

Mi appresto ad affrontare l'ultima data italiana del «No Concept Tour».

Un noto settimanale ha pubblicato il giorno prima una mia intervista, in cui il giornalista ha riportato una frase che non ho mai detto: «Trovo che Mozart sia noioso». Almeno, non l'ho mai detta in modo così diretto. Ho solo spiegato che secondo me la musica dei Romantici, soprattutto Rachmaninov, è molto più attuale e passionale di quella dei grandi del Settecento, come Mozart.

Il giornalista ha pensato bene di riassumere il mio pensiero in quel modo, devo dire di grande effetto, proprio mentre fervono i festeggiamenti per il duecentocinquantesimo anniversario della nascita del compositore austriaco.

La mattina arrivo in stazione con il treno. Davanti alla biglietteria mi ferma una ragazza molto graziosa.

«Scusi, lei è Giovanni Allevi?»

Io istintivamente le sorrido e cerco nella tasca una penna per un eventuale autografo.

Lei invece si fa serissima e inizia a parlarmi a denti stretti.

«Come ha potuto dire che Mozart è noioso? Non può permettersi di dire una bestialità simile!»

Ha addirittura gli occhi arrossati, i pugni stretti e la voce le trema dalla rabbia.

«Solo chi conosce Mozart alla perfezione può formulare un giudizio sulla sua musica. Si vergogni! Ignorante!»

Si gira e se ne va. Io resto impietrito con la penna in mano, per qualche minuto.

Poi, inizio a parlare da solo, immobile in mezzo alla gente.

«Come sarebbe a dire che non conosco la musica di Mozart! Io ho studiato le *Sonate*... anche il *Concerto K 488* per pianoforte e orchestra! So a memoria tutta la *Messa da Requiem*... anche le *Arie*!! Ma guarda! Io non conosco Mozart! E poi, non ho mai detto che è noioso! Va bene, certe volte lo è, ma non l'ho detto. E che è? Non si può dire? Adesso lo dico. Mozart è noioso! No, no, non è noioso. O sì? Oh mamma!»

Non vedendomi uscire dalla stazione, i ragazzi del mio staff si preoccupano e vengono a prendermi. Mi trovano lì, fermo, a parlare da solo.

Nel pomeriggio cado in una profonda depressione. Credo che tutta Italia e tutto il mondo stia inorridendo per le mie parole.

Arriva il momento del concerto.

«Salve, sono Giovanni Allevi. Ecco, stasera c'è un piccolo cambio di programma. Inizierò eseguendo una sonata di Mozart.»

Il pubblico applaude stupito.

«Spero di non annoiarvi!»

Arrivo a teatro per provare il pianoforte, ma trovo un accordatore che non conosco, ancora al lavoro per sistemare le ultime note.

Già soltanto osservandolo mi accorgo che qualcosa

non va: indugia più di un quarto d'ora sull'ultimo Si bemolle sovracuto e di fatto me lo accorda in modo esageratamente crescente. Io, in imbarazzo, gli faccio notare che sembra il Si naturale e lui con una smorfia sommessa aggiunge che in genere i pianisti quelle note non le suonano.

Ma io sì!

Si rimette all'opera e abbassa il Si bemolle di un'inezia, tanto che sembra ancora un Si naturale. Sempre più in imbarazzo gli faccio notare che l'intonazione non è corretta e che, tra l'altro, proprio quella nota viene più volte ripetuta in una mia composizione.

L'accordatore sbuffa, mi guarda seccato per quello che interpreta un mio eccesso di zelo. Abbassa l'intonazione del Si bemolle, ma purtroppo ancora non abbastanza.

Sento dentro di me una rabbia crescente e rivolgo all'accordatore le parole più aggressive di cui sono capace: «Abbassi quel Si bemolle, per favore!» mentre l'occhio destro mi trema e la palpebra si chiude da sola. «Guardi, è una mia fissazione: a me il Si bemolle piace proprio calante!»

Sono ormai tre anni che vengo in Cina. Questa volta concluderò il minitour all'Oriental Art Centre di Shanghai, forse il più bell'auditorium del Sol Levante.

Il personale interno, giovane ed efficientissimo, affronta l'organizzazione del concerto, a partire dalla mia accoglienza, con un'attenzione maniacale.

Mi accompagnano in un camerino che trovo imbandito di prelibatezze. Ma non vedo la fetta di torta al cioccolato, l'unica mia vera esigenza alimentare prima di suonare. La chiedo proprio da contratto. Lo faccio notare e i ragazzi del personale entrano subito nel panico. «No, non è un problema, per carità...» spiego, ma è inutile, sono sgomenti per la loro stessa inadempienza.

Iniziano a parlare nervosamente tra di loro, a confabulare qualcosa. Mancano venti minuti al concerto e la sala è già piena.

Uno di loro mi prende sotto il braccio e mi trascina fuori dal camerino. Gli altri mi circondano: mi portano via!

È inutile dire qualcosa, sono determinati e seri. Mi conducono lungo un corridoio e poi fuori. Mi fanno accomodare nel sedile posteriore di una macchina.

«Ragazzi, insomma, sta per iniziare il concerto! Cos'è? Un rapimento? Dove mi portate?»

Ecco dove mi portano: in un lussuosissimo ristorante. Mi fanno sedere a un tavolo rotondo mentre tutti loro restano in piedi a guardarmi. Arriva un cameriere che mi porge una meravigliosa torta al cioccolato!

Ora capisco tutto. Che gentili! Ma io... non ho fame adesso. C'è il concerto: sono preoccupato. Niente! Non si smuovono. Vogliono che mangi tutta quella torta. Solo così si sentiranno sollevati per il torto commesso. Non ho scelta.

Con lo sguardo da matto inizio a trangugiare cucchiaiate di torta, perché capisco che non posso alzarmi dal tavolo finché non l'ho finita tutta. Ogni tanto li guardo dicendo: «Umh, com'è buona!» ma loro sono impassibili. Come mando giù l'ultimo boccone, i ragazzi cinesi finalmente ridono soddisfatti e in tutta fretta mi riaccompagnano alla macchina.

La dilatazione del tempo

Effettivamente cosa sia il tempo ancora non è chiaro: sappiamo che un secondo è breve e, nonostante ciò, può essere a sua volta diviso in parti sempre più piccole.

Il tempo e la sua misura sono due cose diverse: per quanto noi lo misuriamo, la sua essenza ci sfugge continuamente.

Poi accade che diversi individui possano percepire un secondo come un intervallo di tempo più o meno breve: una sequenza che per me è lenta, può essere percepita da qualcun altro come veloce. E ciò complica ulteriormente il discorso: l'essenza del tempo ci sfugge e la sua misurazione è diversamente percepita da persona a persona; il tempo si manifesta sempre più come qualcosa di evanescente.

Come è possibile che io percepisca una stessa sequenza ritmica diversamente da quella dell'ascoltatore accanto a me?

C'è una teoria secondo la quale qualunque ritmo è

percepito come lento o veloce perché accostato e paragonato al nostro orologio naturale: il battito cardiaco.

Il fenomeno della dilatazione della percezione del tempo è un concetto oscuro ma prezioso, ma credo di poter dire con certezza che il segreto dell'arte del pianoforte è racchiuso qui.

Si tratta di una condizione molto rara, che si verifica nel caso di estrema elasticità della muscolatura delle braccia, di innalzamento della temperatura delle dita.

Mentre si suona, accade che il tempo sembri dilatarsi e rallentare; così un passaggio particolarmente veloce, è percepito come una lenta sequenza di piccoli e definiti movimenti che, pur essendo amalgamati in un unico gesto, possono essere individuati uno a uno.

Allora non solo si può assegnare ogni dito al suo tasto, ma anche stabilire, per ogni nota, il peso e l'intensità appropriati.

Si percepisce il fenomeno della «slow motion»: c'è spazio tra le note, anche se il brano ascoltato dall'esterno è velocissimo.

Avere il potere sul proprio tempo equivale a gestire il rubinetto della vitalità; si può decidere di vivere tre volte contemporaneamente, per poi cadere spossati, o ridurre la propria energia in uscita a un filo sottilissimo, un rivolo tiepido e costante. Ma per contemplare il tempo, per coglierne l'elastica fattura, la trama larga e morbida, indipendentemente dagli eventi che vi sono ap-

poggiati sopra, è necessario abbandonarsi a esso, «sospesi nel tempo». Siamo di fronte a una realtà che possiamo scovare solo facendoci trasparenti come lei, solo parlando il suo stesso linguaggio, il silenzio, muovendoci come lei, in modo elastico ed essenziale.

Non a caso, sembra essere un'idea arcaica dell'umanità quella di vedere il tempo come un fiume, come acqua che tranquilla scorre inesorabile e limpida.

Il colle dell'*Infinito*

Recanati, 13 luglio 2005

Stanotte farò un concerto sotto quella luna, su quel colle. Ho quasi paura a parlarne perché voglio essere umilissimo, però in queste circostanze non posso non sentirmi il Leopardi del pianoforte. Sono stato sul colle dell'*Infinito* in gita scolastica, quando ero bambino e vederlo ora, tutto per me, con il pianoforte, il cielo, le stelle, la luna mi riempie di emozione. Ma sento di non dover aggiungere altro, perché Leopardi è talmente grande e lontano che ogni mia parola finirebbe per sminuirlo. Ho quindi l'onore di accostarmi un poco a lui, così, timidamente.

Mi mordo il labbro per fermare la commozione. Sono con altre persone e non voglio che si accorgano del mio stato emotivo. Ma Leopardi fa tenerezza. È il simbolo di tutti i timidi del mondo, dei solitari, di chi con l'arte ha sperato di superarsi. E c'è riuscito. È qui, si sente. Torna l'emozione e gli occhi si arrossano, guardo altrove.

Arriviamo al comune a presentare il mio video e il concerto: c'è tutto il mio staff, il gentile sindaco di Recanati e i giornalisti. È una festa. Ma su un quadro molto grande e incorniciato c'è la foto del manoscritto dell'*Infinito*: è una bomba atomica per il mio cuore. Scopro persino delle cancellature, delle parole cambiate, parole che pesano. Abbiamo ascoltato la conferenza di uno studioso tedesco che si dannava: in tedesco «luna» è maschile. Si dannava!

Mi spiegano, già lo sapevo, che il colle dell'*Infinito* non è mai stato aperto a un concerto, mai. Un luogo così sacro non può essere accostato a un altro artista. Invece questa volta, per la prima volta, ospiterà il mio concerto, il mio pianoforte. Mi viene da pensare: «Ma io sono un semplice ragazzo... Sono qui, semplice, come te, come voi».

Oppure, forse, è vero. È vero che questa mia ossessione per la musica e il pianoforte che mi fa girare per il mondo, questo mio desiderio travolgente di suonare sta creando delle conseguenze. Stasera c'è il concerto. È come arrivare al cuore, al nocciolo delle cose: nella mia musica, il mio essere umano si esprime dal profondo, svela di sé calorose parti inconsapevoli. Chi c'è, si riconosce e partorisce mondi immensi completando la mia fatica. Va via con il sorriso, mi lascia un bigliettino. In genere, è una lotta, una sfida, che il destino vuole che io conduca da solo... Ma non questa sera.

La cicala

A Villa Arconati, fuori Milano, c'è uno splendido parco con un teatro tenda. Sono invitato a tenere il mio concerto in una caldissima domenica d'estate a mezzogiorno, in un momento in cui l'estate esplode in tutta la sua torrida secchezza.

Nonostante il caldo, molte persone vengono ad ascoltare la mia esecuzione dal vivo dell'album *No Concept*, esibizione trasmessa anche in diretta su Radio Popolare.

Mentre il pubblico è seduto sotto il tendone, il palco è montato proprio a ridosso della campagna e il sole diretto arriva sulla tastiera del pianoforte.

Il concerto si svolge normalmente finché accade un simpatico imprevisto. Sulle prime battute del brano *Qui danza*, una cicala, nascosta in un cespuglio a qualche metro da me, inizia a frinire fortissimo. In un attimo ricordo che anche il grande pianista Arturo Benedetti Michelangeli è incorso nello stesso problema. In quella occasione si fermò. Io invece decido di continuare. La mia concentrazione si rompe e subito vengo preso dal panico di sbagliare qualche passaggio o di avere il classico vuoto di memoria, tra l'altro, in diretta radiofonica.

La cosa più fastidiosa non è tanto il rumore, quanto piuttosto il fatto che la cicala frinisce producendo un ritmo che non è lo stesso del brano, e la sua pulsazione rischia di portarmi fuori strada.

Ho un'idea. Visto che non ho alcuna intenzione di interrompere l'esecuzione, cerco di intuire il ritmo della cicala e adatto quello del mio brano al suo. A questo, forse, Michelangeli non aveva pensato!

Il risultato è esaltante: *Qui danza* sembra accompagnato da festanti maracas. Peccato che il pubblico, sia presente sia in radio, non possa condividere la bellezza che le mie orecchie percepiscono. La cicala per loro è troppo lontana! Sorrido, riflettendo anche sul fatto che negli ultimi anni ho sempre evitato qualunque tipo di collaborazione musicale. Che strano il mio nuovo esordio in duo!

Trovo il tempo di pensare, di abbandonarmi a reminescenze universitarie sul rapporto tra l'Uomo e la Natura. Io sono l'Uomo, l'Io di Fichte, mentre la cicala è la Natura, il non-Io, il limite con il quale l'Uomo si scontra continuamente. La vittoria dell'Uomo sulla Natura forse non avverrà mai e la loro convivenza consiste nel continuo adattamento del primo alla seconda, così come io sto adattando il mio ritmo a quello della cicala. La storia dell'umanità consiste nel progressivo spostamento del limite sempre un po' più in là.

Poi mi viene un dubbio. La cicala mi sente? Si è accorta che sta suonando con Giovanni Allevi? Si sta godendo come me il brano *Qui danza* in duo?

Continuo a pensare, sempre alla velocità della luce, sempre durante l'esecuzione. Ricordo quando a vent'anni ero volontario in un centro per disabili come insegnante di musica. Per mesi tentai di stabilire un contatto con una ragazza autistica, senza risultato, ma un giorno lei prese un tamburo e iniziò a battere un ritmo. Io con un altro tamburo mi inserii nel suo ritmo, per un po'. Poi iniziai a variare il volume dei miei colpi e lei cominciò a imitarmi, a seguirmi. Quel pomeriggio mi regalò un braccialetto di corda e i colleghi mi dissero che non avevano mai visto una cosa del genere.

Eccoci qui, cicala: provo a rallentare un po' il ritmo per vedere se mi segui, se mi ascolti.

Rallento leggermente.

Niente da fare. La cicala continua imperterrita sul suo ritmo.

O non è dotata musicalmente, o proprio mi ignora. Temo che l'ipotesi giusta sia la seconda. Se la cicala mi avesse seguito, mostrando coscienza e intelligenza musicale, l'avrei portata in tour per tutto il mondo!

Fatto sta che la cicala ha continuato per conto suo anche dopo la fine di *Qui danza*, perché in fondo la Natura con il suo orologio perfetto va avanti incurante delle vicende umane.

Pianista e compositore!

L'Orchestra sinfonica siciliana mi commissiona un brano originale per pianoforte e orchestra, *Foglie di Beslan*. La prima esecuzione è prevista il 29 aprile 2004 al Teatro Politeama Garibaldi di Palermo.

Il giorno precedente mi reco in teatro per provarlo con l'orchestra di novantadue elementi, diretta dal maestro Daniel Kawka venuto da Parigi per l'occasione. È la prima volta che eseguo una mia composizione con una orchestra così imponente e sono spaventatissimo, oltre che emozionato.

Il maestro Kawka è davvero bravo ed entra immediatamente in sintonia con la mia musica, mentre io al pianoforte raggiungo attimi di felicità pura, sentendo dal vivo un brano che fino ad allora era soltanto nella mia testa.

Terminata la prova della prima esecuzione, l'orchestra batte l'archetto sul leggio in segno di approvazione. C'è la pausa. Io resto seduto al pianoforte in uno stato misto tra l'estasi e la confusione.

Il maestro mi si avvicina e si complimenta: «Bravo! Lei è stato davvero bravo».

«Grazie!» arrossisco compiaciuto.

«Ci sono dei punti molto interessanti nell'orchestrazione. Qui per esempio: gli archi fanno le terzine e contemporaneamente i fiati le quartine, mentre il pianoforte suona le sestine! È bellissimo! Ogni sezione ha una sua identità!» È entusiasta.

«Ma che bello!» rispondo al settimo cielo.

«Allora» riprende il maestro «oltre ai dovuti complimenti a lei per la sua bravura al pianoforte, mi raccomando, porti le mie congratulazioni al compositore... questo Allevi... lo conosce?»

«Ma veramente... sarei io!»

«Ah!» sorride diventando paonazzo.

Il giorno dopo, l'esecuzione dal vivo è davvero intensa ed emozionante, e il pubblico chiede che il brano venga eseguito un'altra volta. Al termine del concerto ci salutiamo tutti: la tensione finalmente mi abbandona e riesco a scambiare qualche parola anche con gli orchestrali, che sono stati davvero bravi.

Mi si avvicina un contrabbassista: «Giovane! Lo sa che questo brano è proprio bello? Finalmente una musica contemporanea che commuove! E poi lei al pianoforte è stupendo. Bravo davvero!».

«Grazie! Anche voi avete suonato divinamente!»

Mentre ci salutiamo aggiunge: «Un'ultima cosa... Lei sicuramente lo conosce: ci saluti tanto anche il compositore... questo Allevi!».

Le mani seguono
la testa e il cuore.

La paura di suonare

Ascoli Piceno, Istituto musicale G. Spontini, maggio 1987

Sono seduto su un divanetto di finta pelle verde, in una sala d'aspetto in attesa del mio momento.

Oggi, alla scuola di musica è un giorno speciale. È venuta in visita una delegazione di studenti tedeschi con gli insegnanti. Noi alunni partecipiamo a una specie di saggio dimostrativo, mentre i tedeschi sono seduti nelle prime due file di sedie. Si riconoscono perché sono quasi tutti biondi. Dicono che siano bravissimi.

Anche io partecipo al saggio. Suonerò lo *Scherzo in Si minore* di Chopin, visto che devo portarlo al terribile esame di ottavo anno, a settembre, dopo la maturità.

Ho le mani gelide e sudate, e cerco di asciugarle sui pantaloni buoni che però sono ruvidi.

Sto morendo di paura.

Lì c'è la porta a vetri bianca che dà sulla sala con il pianoforte, un Petrof gran coda, che dicono sia appartenuto ad Arturo Benedetti Michelangeli, e che ha una tastiera durissima.

Sta suonando ancora il ragazzo prima di me. Cavolo, fa il sesto anno e già suona la *Quarta ballata* di Chopin. È un mostro di bravura. Ecco arriva il finale. Mamma mia, è impetuoso. Va bene, studia quasi otto ore al giorno! Pare che i genitori lo costringano a forza.

Ecco l'applauso.

M. entra dalla porta a vetri, tutto sudato e raggiante.

Ora è il mio momento... e non respiro.

Faccio per superare la porta ma capisco che il pubblico vuole ancora M. sul palco, che esce di nuovo a raccogliere un'autentica ovazione.

Poi torna il silenzio. Oddio... tocca a me.

Sono già nel pallone.

Esco, raggiungo la pedana e vado dritto al pianoforte senza guardare il pubblico che, affaticato dall'ovazione di prima, non mi rivolge neanche un piccolo applauso di incoraggiamento. Anzi, sento che qualcuno sta ancora parlando. Sicuramente qualche commento sulla bravura di M. Giusto uno sguardo alle prime file. Ci sono tutti i ragazzi tedeschi. Alcuni sfogliano il programmino per vedere cosa suonerò. La mia insegnante è seria.

Mi siedo, sistemo lo sgabello, faccio un respiro.

Sono terrorizzato, l'ansia è soffocante e il cuore batte forte.

Mi accade una cosa incredibile.

Non ricordo come inizia il brano.

Non mi è mai successa una cosa del genere. Com'è quell'accordo strano con cui si apre lo *Scherzo*?

Niente... ho un vuoto totale.

Sistemo di nuovo lo sgabello. Pulisco la tastiera con un fazzoletto, frugando nella mia mente in cerca di quelle maledette note: una settima senza preparazione. Riporto le mani tremanti sui tasti, ma le dita non riconoscono le note per iniziare. Che vergogna... qui davanti a tutti... dopo M., che è più piccolo di me. Che vergogna...

Intanto è passato troppo tempo e il pubblico ha capito che qualcosa non va. Scende il gelo nella sala. Con la coda dell'occhio vedo la mia insegnante con un'espressione corrucciata, che mi fa segno di andare a prendere la parte. Ma io l'ho lasciata a casa, mi sono fidato della mia memoria. Non mi è mai servita, la parte.

Prendo tempo.

Mi alzo in piedi e faccio finta di sistemare il leggio. Mi siedo di nuovo e dal pubblico inizia a sollevarsi un brusio e anche qualche risatina soffocata. Mi giro verso di loro, sollevando le spalle per chiedere scusa, e parte un timido applauso di incoraggiamento.

Decido di sbloccare la situazione! Prendo un bel

respiro e butto giù le mani. Va bene qualunque cosa esca fuori.

Ecco finalmente l'accordo iniziale! Ma è strano. Sembra lui, ma qualcosa non mi torna. Poi l'altro accordo, fortissimo, e poi la corsa furibonda. Ma qualcosa non va... non capisco. Sono troppo provato per capire, sono in preda al panico...

Ecco! In un tumulto di emozioni, mi rendo conto... che ho attaccato un'ottava sotto!

Signore, aiutami tu!

Io procedo, velocissimo per la troppa emozione, ma so, purtroppo, che dopo alcune battute la frase musicale si sposta sul grave e io non avrò abbastanza tasti a disposizione per continuare così.

E infatti, con la sinistra percuoto il legno. Mi devo fermare.

Appoggio le mani sulle gambe. La tensione si può tagliare a fette. Mi giro verso il pubblico: è attonito. La mia insegnante ha un'espressione indescrivibile, tra lo spavento, la minaccia e la pietà. Non oso guardare mio padre.

Ecco sollevarsi un applauso, che da incerto diventa fortissimo.

Ora il pubblico mi fa sentire tutto il suo affetto, ma io vorrei sprofondare e so che sto per mettermi a piangere.

Ma non me ne vado da qui se non ho suonato il mio *Scherzo* di Chopin! Prima ancora che finisca l'applauso, attacco di nuovo, questa volta con l'accordo all'altezza giusta. Suono tutto d'un fiato. Lo suono anche bene e mi ritrovo, in certi passaggi, a sentirmi tranquillo. Tanto il disastro l'ho già fatto, non ho più niente da perdere...

Dopo l'ultimo accordo, anche a me tocca un'ovazione.

Sì, lo so, è una specie di contentino. Esco e addirittura mi richiamano sul palco... sì... come a M.! Oppure no? Magari applaudono il coraggio. Non lo so, non lo saprò mai. Però sorrido: sono ancora vivo!

Avevo diciotto anni.

Ne sono passati venti.

M. non suona più. Ha preferito un lavoro in banca.

Io ho fatto concerti in Italia, Cina, Giappone, Stati Uniti, Europa, Russia, Canada...

Ho suonato di fronte a platee immense, in dirette televisive e radiofoniche, e tantissimi ragazzi mi hanno scritto chiedendomi la stessa cosa: «Ma tu non hai paura di suonare?».

Molti mi hanno confessato di aver abbandonato lo studio della musica per il terrore di suonare in pubblico.

Perché si ha paura?

Ora lo so. L'ho capito quel giorno.

Si ha paura del giudizio.

Non c'entra nulla la nostra bravura, o l'impegno che abbiamo dedicato allo strumento.

Io, lo *Scherzo*, a casa lo suonavo benissimo!

Quando si studia uno strumento in conservatorio, si passano anni e anni sottoposti quotidianamente a un giudizio: quello dei nostri insegnanti, dei genitori, dei genitori dei nostri amici, e infine quello di noi stessi, il più impietoso e severo di tutti! La musica classica, come se non bastasse, ti pone sempre davanti a un irraggiungibile ideale di esecuzione perfetta.

Ma cosa c'entra la musica, che è l'arte di esprimere la bellezza attraverso i suoni, con il giudizio sulle nostre capacità?

Purtroppo quando si è piccoli è difficile capire che la musica non dovrebbe avere nulla a che fare con la paura, ma spesso proprio la paura allontana i più sensibili dalla possibilità di esprimersi.

È normale avere paura, è un'emozione che è giusto provare, perché siamo esseri umani, fragili e insicuri, ma per questo vivi. Anche i grandissimi pianisti sbagliano, e addirittura alcuni di loro, per la paura di suonare, hanno smesso di fare concerti. Non è giusto!

La musica non è fatta solo di note corrette, ma di passione, dedizione, intenzione travolgente.

Anche io, quando guardo il pianoforte da dietro le quinte e il concerto sta per iniziare, ho paura. Ma benedico quell'emozione! Significa che sono ancora sensibile, che sono vivo e che ho da raccontare in note l'essere umano che è in me. Quando poi sento che il pubblico è lì non per giudicare ma per emozionarsi, la paura svanisce e lascia il posto a un entusiasmo che spero di non perdere mai.

Tutti gli artisti, di qualunque età e disciplina, sono individui speciali, dotati di sensibilità straordinaria. Vanno incoraggiati, coccolati, protetti, compresi, perché anche fare una sola nota, un passo di danza, una pennellata, significa esporsi con coraggio e mettere in gioco se stessi.

Ogni artista ha diritto a un applauso!

L'errore

L'errore ci sarà sempre. O forse mai.

Il giorno in cui ti accorgi che non sei tu che suoni il pianoforte ma è lui che suona attraverso di te, devi rivedere il concetto di errore.

Il piano ti fagocita, ti vuole suo schiavo, ti vuole tutto e in cambio ti dà il piacere: è geloso, non vuole che tu sia altrove.

Ecco: se non sei presente a lui, accade l'errore.

Quel tipo di errore è sempre connesso alla memoria: accade che la sequenza di migliaia di micromovimenti, che costituisce il brano da un punto di vista puramente meccanico, inspiegabilmente *si interrompe. Perché? È presto detto. Nel «lucido lago ghiacciato» che è la tua mente in vigile silenzio, compare un intruso, trasparente e leggero, veloce ma ingombrante. La parola, una parola qualunque, un'immagine, un pensiero tradotto in linguaggio, o peggio ancora un'intera considerazione, che può anche essere attinente alla situazione, al bra-*

no: «Sto suonando bene», «Ora metto il pedale di sinistra», «Lo sgabello è troppo indietro», «C'è l'ombra sui tasti»...

Ma il pianoforte ti vuole tutto per sé, è padrone della tua mente, vuole solo che tu sia presente; non sopporta che sia altrove, a pensare chissà cosa, anche per un solo istante!

E quel tuo piccolo tradimento ti sarà fatale: la parola rompe il silenzio della tua mente, offuscando la fluida sequenza di movimenti, e alle dita ignare resta l'arduo compito di affrontare l'imbarazzante situazione del vuoto di memoria, qualcosa di simile al sonnambulo che improvvisamente si sveglia, in mutande, sulla via cittadina all'ora di punta.

Sentirai il sangue affluire alle orecchie e le gote diverranno rosse. Toccherai con mano l'essenza della vergogna, ti mancherà il respiro. In un brevissimo lasso di tempo che ti sembrerà un'eternità, chiamerai a raccolta il pensiero razionale, o qualche brandello di memoria che ti offra una misera via di salvezza.

Ora sei tu al centro dell'attenzione, non la musica, e ti sentirai nudo, esposto al giudizio.

Allora, viva l'errore!

Certo! Perché tramite esso possiamo capire il meccanismo che sta alla base della nostra testa musicale; non è forse vero che noi ci accorgiamo di un meccanismo solo quando si rompe? Se un orologio funzionasse sempre a meraviglia, non ci sarebbe alcuna necessità di aprirlo per vedere perché non cammina.

Quando qualcosa non va, possiamo scoprire il segreto del suo funzionamento; e questo vale per tutto.

Perché abbiamo sbagliato la nota, perché c'è stato quel vuoto di memoria? È troppo semplicistico rispondere che non abbiamo studiato abbastanza.

Ma vorrei andare oltre.

Vorrei dire che è bello l'errore, che è bello sbagliare, semplicemente perché appartiene alla nostra natura e non perché da esso si può imparare qualcosa.

L'errore è l'imprevista rottura di una serie: non è meraviglioso?

Mi spiego: la sequenza rituale è essenziale per permetterci l'abbandono, liberarci dall'ansia e dalle paure. Ma per evitare che essa diventi padrona della nostra esistenza, ecco che ci soccorre l'errore, l'imprevisto! Che ci permette di ripensarci dall'esterno, in una consapevolezza sempre crescente.

L'attacco di panico

Decido di concedermi un piatto di salmone a fette. Non lo faccio mai, ma ogni tanto ci vuole! Ecco, ci metto il limone e mi posiziono bene davanti alla finestra per ammirare dall'alto il Fiume Azzurro, con le sue chiatte, che da qui sembrano giocattoli.

Stamattina mi trattano come un re, sono a mia completa disposizione almeno cinque camerieri. Sono felice che la musica venga riconosciuta come un valore così alto, nonostante le differenze di cultura e geografia.

Che bello! C'è l'acqua gelata nel bicchiere e l'atmosfera soft dell'hotel superlusso, il Grand Hyatt di Shanghai, anche se l'aria condizionata è troppo forte, come è nelle abitudini cinesi.

Gira una copia del quotidiano «Shanghai Star» con una splendida recensione del mio concerto di ieri sera, all'Oriental Art Centre. Già, il tour in Cina si è concluso con il concerto più importante e stasera ripartiamo per l'Italia. Posso concedermi il riposo del guerriero.

Avverto una strana sensazione al petto, come di ansia, concentrata sullo sterno.

Che strano.

Lo stato di malessere assorbe tutta la mia attenzione.

Sarà l'aria condizionata, un colpo di freddo.

Mi alzo, dico agli altri che c'è qualcosa che non va.

Ma dopo due minuti tutto è passato.

Sarà stato il freddo... Non capisco come facciano i cinesi a sentirsi a proprio agio con l'aria condizionata così forte.

Tutto a posto.

Qualche giorno dopo sono a Milano.

Sono solo a casa e il caldo è insopportabile: 37 gradi.

Il condizionatore si rompe e a nulla servono i miei tentativi di farlo ripartire. Comincio a sudare, non c'è scampo al caldo. Tanto vale andare a fare la spesa. Esco dal supermercato con due pesanti buste, che lasciano i segni rossi sulle dita, su quelle dita che tre giorni fa accarezzavano i tasti di un pianoforte in Cina. Mi sento comunque in paradiso.

Che strana la vita. Ora sono qui che cammino barcollando sul marciapiede di una via trafficata, trasandato, con i ricci incolti. Costeggio un cantiere di lavori stradali, c'è odore di metano, le buste pesano, ma nella testa ho ancora il ricordo di quell'applauso così vivo, di quella tastiera perfettamente illuminata, delle foto, degli autografi, della *standing ovation*. Chi è Giovanni?

Torna quella sensazione.

Proprio sullo sterno. Sembra nausea mista a un enorme senso di colpa.

Sono le cinque del pomeriggio.

Ho i brividi e sudo freddo nonostante il caldo asfissiante.

Ok, passerà come a Shanghai.

Ma non passa, anzi aumenta.

Torno a casa e ho un'idea: mi tolgo i vestiti e vado sotto la doccia nella speranza che mi riporti alla normalità. Le prime gocce scendono sul corpo e all'improvviso arriva il terrore; vedo solo le piastrelle del bagno distorte: oblique formano dei rombi.

È la fine.

Qualcosa che è indipendente dalla mia volontà mi sta portando alla morte. Non uscirò vivo da questo bagno, ne sono sicuro, questi sono i miei ultimi minuti di vita. Il fastidio al petto è insopportabile e il cuore inizia a battermi fortissimo.

Riesco solo a pensare che non si può morire in un modo così stupido.

Cerco di reagire. Visto che ho a disposizione forse ancora pochi secondi, devo fare di tutto per non restare solo. Devo uscire di qui. Se dovessi svenire nessuno mi soccorrerebbe, meglio scendere in strada! Non bisogna mai avere paura di mostrare la propria fragilità, avere pudore per la sofferenza, che accomuna tutti gli esseri umani. Qualcuno mi aiuterà!

Penso che ancora... non sono morto! Sul marciapiede il caldo è infernale. Camminare velocemente mi distrae.

Non riesco a respirare!

Entro in farmacia.

Il farmacista dice che con questo caldo è normale, sicuramente avrò la pressione al minimo. Me la misura. È alta. Impossibile!

Anche lui non sa spiegarsi il mio stato. Mi chiede se è un periodo di stress. «Certo!» gli rispondo. «Allora probabilmente lei ha una crisi di ansia! Deve tornare a casa e starsene tranquillo.»

Comincio ad avvertire una rabbia crescente: inizio a correre e a saltare per il nervoso. Non è possibile che io stia così male, che abbia perso così all'improvviso la normalità.

Torno a casa.

Ho paura per la mia carriera di pianista. Domani ho la presentazione del nuovo disco. Devo dimostrare a me stesso che sono in grado di suonare anche in queste condizioni.

Provo a suonare sul tavolo.

È terribile.

Telefono alla guardia medica: età, sintomi, pressione alta. Una voce secca mi risponde: «Stia calmo, le mando immediatamente un medico: potrebbe essere una cardiopatia o un attacco di panico».

Arrivano un medico anziano e un giovane aiutante. Mi visitano sul letto. All'apparenza niente di grave. Poi il medico mi fa un enorme giro di parole per non impressionarmi: mi lascerebbe anche così, ma visto che il dolore persiste, potrebbe essere un principio di infarto e allora la sua etica professionale gli impone di chiamare un'ambulanza per il ricovero d'urgenza al policlinico.

Arriva l'ambulanza: vicini di casa alle finestre, solita scena che ho sempre visto dall'esterno. Durante il viaggio i ragazzi del 118 cercano di parlare con me, sono gentili. In genere in presenza di altre persone sono sorridente, ma non questa volta.

Potrebbe essere l'inizio di un calvario lungo una vita, il primo di una serie infinita di viaggi verso l'ospedale. In che paradiso incantato ho vissuto fino a ora!

Ho iniziato da poco a conoscere il mio panico e già sono alla ricerca di una via d'uscita per bloccare il circolo vizioso della paura che alimenta la paura. Capisco che è meglio non pensare al mio stato e farmi cullare dalle note di una melodia dolcissima che faccio girare in loop nella mia testa, a volume altissimo. Quella melodia dolce e avvolgente diventa la colonna sonora del mio terrore. Mi affido a lei.

Mi volto e guardo fuori. Vedo la città da questo strano vetro. Non sono mai stato dentro un'ambulanza. Ripenso a quanto è bello il cielo, il traffico, la quotidianità o l'essere semplicemente vivi. Quanti sorrisi non ho regalato, quante emozioni non ho ancora vissuto, quante volte ho offuscato i miei sogni dietro ai fantasmi della paura.

Se dovessi uscire di qui, canterò con la musica la gioia di vivere, ogni momento bello o brutto, qualunque sarà la mia condizione.

Il pronto soccorso è pieno di gente che aspetta dolorante, ma io sulla sedia a rotelle ho la precedenza su tutti, per via di una sorta di codice rosso, di urgenza.

Mi portano su un lettino e un'anziana infermiera mi fa l'elettrocardiogramma. Io guardo il soffitto bianco, un po' rovinato, e cerco di nuovo lei, quella melodia, come fosse un orsacchiotto da abbracciare teneramente. Mi fa bene seguire le sue note. Sicuramente è in una tonalità con i bemolle. Le tonalità con i bemolle sono morbide.

L'infermiera mi dice che secondo lei non c'è niente di serio, ma deve controllare la dottoressa. Ascoltando questa frase rassicurante, per la prima volta (e sono ormai le undici di sera) il dolore mi abbandona per un po'.

Ma torna.

La dottoressa mi preleva un campione di sangue e io non mi lascio spaventare. In genere ho il terrore delle punture, ma questa volta ci sono esigenze più importanti.

Per i risultati delle analisi devo aspettare almeno un'ora e mezza. Un valore del sangue decreterà con certezza se c'è un problema al cuore.

«Dottoressa, che cosa ho?»

«Vediamo dalle analisi se è il cuore, ma potrebbe anche essere un attacco di panico: mi tolga una curiosità... Ma lei è quel famoso...»

«Sì, sono proprio io!» sorrido per la prima volta.

«È in un periodo intenso?»

«Altroché... da due mesi sono in giro per il mondo.»

«Dove è stato di recente?»

«In Cina.»

La dottoressa è una donna molto forte: la sua voce da contralto vuole rassicurarmi esitando con dolcezza, ma i suoi gesti sono decisi.

Esco e vado a sedermi, c'è da aspettare l'esito delle analisi.

La scena che trovo è straziante. Io credo in Dio e sono convinto che non è un caso se sono costretto a vivere questo spicchio di realtà: accanto a me un uomo si dispera e piange. Ha la testa tra le mani. Invoca la figlia Jessica e vuole morire. Aspetto con questo terribile sottofondo.

Dal suo pianto capisco che Jessica, di dodici anni, è appena morta in un incidente stradale. Guidava lui. Seduta in un angolo della stanza c'è anche la moglie, che lo guarda fisso con occhi di ghiaccio. Percepisco in un attimo tutto il dolore del mondo: la perdita di una giovane vita, il senso di colpa del padre e l'impietrito sguardo d'accusa della madre. Ma anche la fugacità di un errore, di una distrazione dalle conseguenze spaventose. Cos'è la mia vicenda in confronto?

Arriva il risultato delle mie analisi.

Non ho nulla, tutti i valori sono nella norma, il cuore è a posto. Ho avuto *solo* un attacco di panico.

Prendo il taxi per tornare a casa ed è l'una di notte.

C'è la città con le sue luci. Allargo una mano sul finestrino del taxi e cerco di prenderla: ogni luce una casa, ogni casa una storia. È troppo grande la vita. Ma il mio dolore al petto è nulla in confronto a quello di quell'uomo per la sua Jessica. Vorrei aver avuto il coraggio di parlargli, di abbracciarlo, perché a tutti può succedere di sbagliare. Vorrei che per magia tutto l'amore del mondo lo circondasse, adesso, e confortasse il suo pianto!

Torno a respirare, torna la normalità.

Ma da domani, regalerò più sorrisi, vivrò le emozioni più intensamente possibile, e soprattutto, non permetterò mai più alla paura di offuscare i miei sogni.

Tempo dopo, vado a trovare un amico a New York, all'ultimo piano di un palazzo a Chinatown.

Gli racconto del mio attacco di panico. Lui mi risponde con un sorriso diabolico: «Benvenuto nel club!». Si volta e da una dispensa prende una boccetta piena di pasticche. «Tutta New York è tenuta sotto controllo da queste pasticche!»

Mi racconta che dopo l'11 settembre sono aumentati a dismisura i casi di attacco di panico e l'approccio americano alla «malattia» è risolto con una pasticca.

Malattia?

Nei giorni a seguire cerco su internet tutte le informazioni possibili sul panico. Leggo ovunque di un senso di impossibilità e soffocamento per situazioni familiari o lavorative difficili quali causa del panico, che si risolvono cambiando drasticamente i fattori ambientali... aiutati da una pasticca.

Ma io... ero felicissimo! Ero in paradiso, nel culmine della mia espressione artistica! Come posso pensare che sia una malattia? Cosa c'è di soffocante nella mia storia? Nel mio sogno realizzato? Non ci sto a considerarlo così. Qualunque cosa fosse, è arrivato al momento giusto.

Poi rifletto sulla parola. Panico è Pan, il dio Tutto. Il Tutto.

All'improvviso mi è chiaro che il panico non è l'incontro con un vuoto paralizzante, ma è l'esperienza del nostro tutto, della dirompente energia creativa che è dentro ognuno di noi! Sono stato travolto dal tutto, dal troppo, da un'emozione incontenibile, proprio nel momento in cui mi sono fermato. Penso al mondo interiore delle persone, infinitamente grande, che all'improvviso esplode all'esterno mostrando una poesia e una vitalità a cui la nostra quotidianità non ci ha più abituato.

Qualunque cosa fosse, io ho benedetto il mio panico.

Ho un'idea! Quella melodia, sull'ambulanza, sì, quella melodia dolce in Sol bemolle... la chiamerò *Panic*!

E ogni volta che il panico tornerà, mi farò abbracciare ancora da quelle note, non per respingerlo, ma per accoglierlo come un dono.

Il panico è un dono.

Le polpette

Sono stanco.

Lo ammetto.

Bisogna dare sempre l'impressione di essere forti e invincibili, ma io invece lo ammetto: almeno oggi sono stanco e non ce la faccio più! Solo due giorni fa ho fatto il mio terzo concerto a New York: è stato un successone, va bene, ma io sono stanco.

Stanco di cercare di conquistare l'America, questo gigante grandissimo, stanco di dover essere sempre giudicato da loro. Mi sono buttato su una sdraio, sul bordo della strada, in una cittadina del Connecticut, in uno stato semiconfusionale.

C'è una festa in corso qui. Una festa di quartiere. C'è una strada, su cui si affacciano una ventina di ville a due piani con piscina, il tutto immerso nel verde sterminato. Gli abitanti di queste ville sono giovani coppie con almeno tre figli piccoli. Si sono inventati la festa di quartiere per socializzare e per ritrovarsi davanti al perno attorno a cui ruota l'America: il barbecue.

È tutto il pomeriggio che li guardo.

Sono la fotografia della felicità. I bambini scorrazzano allegramente e i genitori conversano scambiandosi sorrisi. Non so se mi spiego: i papà hanno circa trent'anni e hanno moglie, figli, villa con piscina. Le mogli sono tutte laureate con il master all'estero. E ora fanno le casalinghe. Che hanno studiato a fare? Per prendersi uno di quei mariti lì.

Trent'anni. Felici.

E io invece? Ne ho trentotto, sono in tour da tre anni e a Milano mi aspetta un bilocale che si affaccia sullo smog e sul traffico.

Sono anche gentili. Un papà si è accorto di me affondato sulla sdraio in solitudine. Non è concepibile la solitudine; allora lui, con la sua birra in mano, si avvicina e mi fa un monologo di venti minuti del quale non capisco niente. Mi limito a mimare le sue espressioni. Quando ride, rido pure io, e quando si fa serio, lo guardo pensieroso, e per fortuna non mi fa domande.

Non ce la faccio più. Ma che vita sto facendo! Questi pensano al barbecue, e io ogni sera sfido la perfezione davanti al pianoforte. E poi, quanto è grande l'America. Devo conquistarla tutta: è troppo grande.

Dimenticavo, la festa è dedicata all'Italia. Sì, è a tema e infatti ci sono qua e là palloncini tricolore. Ma è un caso che io sia lì. All'improvviso si sparge la voce della mia presenza: c'è un italiano vero. Perfetto per la festa a tema e ne divento l'attrazione. Vengono tutti a guardarmi. Ci mancava solo questo. Sono in coma, sono anche un po' invidioso, sono esausto. Non voglio relazionarmi e invece tutti vogliono vedere l'italiano, per suggellare l'autenticità della festa.

Accidenti, hanno un'idea abominevole, che io capisco solo dopo un po'. Stanno per cimentarsi in una gara di polpette al sugo e vogliono assolutamente che io sia il giudice perché, suppongo, secondo loro nessuno è in grado di giudicare una polpetta meglio di un italiano. Cerco di far capire che non è il caso, ma loro iniziano a battere le mani a tempo gridando: «Gio-vàni... Gio-và-ni!».

E così mi alzo intorpidito dalla sdraio, imbarazzato di essere sotto lo sguardo di tutti e mi dirigo verso una sedia che hanno adibito a trono del giudice delle polpette.

Applausi.

Arrivano, come in processione, dalle loro case, le donne. Lentamente, ognuna cammina con un piatto in mano, ricoperto di stagnola. Dentro c'è la polpetta al sugo ancora calda.

Dovrò mangiarne più di dieci e dare a ognuna un voto. Oh, dieci polpette sono tante!

Scende il silenzio e inizio ad assaggiare la prima. Buona. Niente a che vedere con quelle che faceva mia nonna. La donna si stringe le mani nervosamente e io sono il signore sul trono... mmmm... Inizia a piacermi questa festa.

Sei!

È il voto. «*Six!*» E poi ripeto: «Sei!». In fondo la festa è dedicata all'Italia e per una volta si sforzassero loro di capire ciò che dico. A New York ho presentato il concerto in inglese e hanno riso perché la pronuncia non era perfetta.

Sono preso da una strana euforia. Pendono tutti dalle mie labbra e quello che sembra un banale gioco, in realtà è una battaglia furibonda.

Ecco la seconda polpetta.

«È secca, non scende... Si intoppa!» grido con fare plateale. «Cinque! Sì... *five* insomma!»

«E questa? Che fa? Non ha il sugo? È in bianco? Ah, così si sente meglio il sapore? Sentiamolo questo sapore! Quattro! Anzi, fuori concorso!»

La donna è atterrita. Io sono in preda a un delirio di onnipotenza. Continuano gli assaggi ed ecco che arriva lei, la più buona. Un abisso la separa dalle altre. Si avvicina addirittura a quella di mia nonna, ma tengo il segreto per me. Ha il sugo un po' dolciastro che, a differenza delle altre, resta attaccato alle pareti della polpetta e non rimane acquoso sul fondo del piatto. E poi, lei è morbida, scenderebbe giù anche senza sugo.

«Nove!» La donna ha gli occhi che brillano. Mi ama, lo so.

Non si faccia illusioni, però, siamo ancora a metà gara.

La gara finisce. Non ho mai mangiato tante polpette in vita mia. Mi tocca pure proclamare la vincitrice, che è lei, quella del nove. Ecco, io vorrei che il tempo si fermasse in questo momento, per fotografare le emozioni profonde di quella donna.

All'annuncio della sua vittoria, caccia un urlo, quasi disumano: «*Yessss!*» accompagnato da un gesto poco gentile del braccio. Ha gli occhi rossi per le lacrime, ma assieme alla gioia, leggo un'enorme rabbia repressa.

«Sì, ho vinto io» sembra dire «ho vinto IO, IO! Io ho vinto con la mia polpetta e vi ho battute tutte, tutte!»

Solo in quel momento capisco.

Questi si odiano, altroché!

Passano tutto il giorno, tutta la vita, a misurarsi. Il giardino più bello, la casa più bella, i figli più bravi, il marito più ricco, con il lavoro più redditizio. Dalla macchina più costosa fino alla polpetta più buona!

Me la vedo, la signora, da dietro le tende a spiare i vicini. Magari è stata sempre considerata «di serie B» dalle amiche, ma oggi, grazie alla polpetta, è la regina incontrastata del quartiere! Non importa se seguiranno giorni bui: oggi c'è la gloria e nessuno gliela può togliere.

E la vittoria è meritata e indiscutibile, perché il giudice è un italiano, che in fatto di polpette è un'autorità assoluta.

Tutte le altre donne sono sgomente e io consegno a lei il premio guardando tutte loro, scandendo bene una frase, questa volta in inglese, perché la sentano: «*A meatball from Heaven!*». Una polpetta direttamente venuta dal Paradiso.

Per una volta la donna ha avuto la sua rivincita.

Ma io, per la prima volta, finalmente, HO GIUDICATO L'AMERICA!

Il pubblico è quell'insondabile
atto finale della creazione artistica.

Il mistero del vuoto

Stamattina nel mio dormiveglia, che di solito è sofferto e angoscioso, ho provato ad avere il sopravvento sui pensieri che mi investivano. Non so perché l'ho fatto, visto che in quelle condizioni, in genere, non posso far altro che subire passivamente quel turbinio di sensazioni spiacevoli, che sembra senza alcuna via d'uscita.

Invece qualche coincidenza neurale ha voluto regalarmi, stamattina, un appiglio di attività: ho potuto contemplare la mia angoscia da lontano. E ho compreso che pensieri, sensazioni e sentimenti, per quanto siano angosciosi o leggeri, sono sempre legati al linguaggio, cioè a una loro formulazione verbale.

Ho intuito questa verità: se non c'è linguaggio non c'è stato d'animo. Pur essendo stato sempre convinto del contrario, cioè di una radicale indipendenza e precedenza delle emozioni sul linguaggio, questa volta ho voluto percorrere la via opposta, secondo cui non posso essere «preoccupato» se nella mia mente non c'è la for-

mulazione a parole del motivo e della constatazione del mio disagio.

È possibile? Mi è parso di sì. Nel mio dormiveglia, venivo come investito da una catena di frasi ininterrotta; una volta formulate, una volta che mi avevano raggiunto, sganciavano su di me il loro potenziale emotivo.

Una lunga catena di frasi che ora avevo il privilegio di contemplare e rappresentare come una fila di lettere che spuntavano da dietro l'orizzonte di un pianeta sferico, senza più alcun potere emotivo su di me. Io sono sempre stato qui *dove le frasi arrivano già compiute; mi sono sempre immerso in esse, ho sofferto per ciò che dicono.*

Ma stamattina ho voluto risalire il fiume fino alla sorgente, fino all'origine del mio linguaggio e mi sono subito trovato prigioniero di un paradosso. Non potevo dire: «Ora vado dove ancora il linguaggio non c'è». Potevo andare oltre l'orizzonte sferico purché abbandonassi il linguaggio, il che equivaleva ad abbandonare la possibilità di descrivere l'esperienza che stavo per fare, di ricordarla, di conoscerla. Ma ancor di più equivaleva ad abbandonare il mio stesso Io, il mio essere Soggetto, verso un vuoto totale: assenza di parole, identità, emozioni.

Sono tornato subito indietro, sulla riva del fiume impetuoso di frasi, gravide di emozioni, e ho riflettuto allora su chi fossi io veramente: quel turbine di parole che meccanicamente si creavano secondo rapporti di associazione? Oppure quel viaggiatore che voleva staccarsi da esse per tornare alla sorgente del fiume? Oppure ancora il vuoto che mi circondava?

Tutte e tre le cose insieme.

Ho usato la parola «mistero», perché è una parola di origine antichissima che si riferisce al «non detto», a ciò che non si può dire perché fuori del linguaggio.

Ma ciò che a me interessa mettere in evidenza dell'esperienza appena descritta, non è tanto la relazione problematica tra emozioni e parole, quanto l'esistenza di un immenso scenario vuoto dove esse si incontrano: dentro di noi, nella nostra psiche, c'è un nucleo vuoto, dove nessuna parola può attecchire, dove non esistono emozioni, dolore, ma che tutto precede; nel vuoto non c'è movimento, non c'è spazio né tempo, non c'è pensiero.

Nel vuoto che è dentro di noi non c'è spazio per la nostra identità; il vuoto circonda silenziosamente il fiume delle nostre parole, così come i muti spazi della volta celeste abbracciano indistintamente stelle e pianeti.

Credo che per me sia importante riuscire a farmi vuoto e trovare rifugio in esso, prima di ogni esecuzione. Già alcuni giorni prima di ogni concerto, sento le mie energie ritirarsi, la mia capacità linguistica si annulla. Mi è difficile persino parlare. Il vuoto si fa strada da solo, per lasciar spazio progressivamente alla musica e all'emozione.

Intelligenza Artificiale

Entro in un vagone della metropolitana. Sono solo e sto andando a ritirare il computer dal centro assistenza. Il mio portatile è sempre rotto.

Eccola, l'umanità dispersa di cui mi sento parte. Siamo lontani anni luce dall'immagine patinata di Milano: qui vedo intorno a me solo volti seri e pensierosi, direi anonimi all'apparenza, persone neanche troppo curate nell'estetica, e io per primo tra loro. Qui si è liberi di non rendere conto a nessuno, e per questo per me andare in metro è uno status symbol rovesciato, di cui vado molto fiero.

Mi siedo e dopo qualche fermata e rimescolamento delle persone, si accomoda alla mia sinistra una signora anziana. Il nostro sguardo si incontra: «Non mi dica che ho l'onore di star seduta vicino... Lei è quel famoso...».

«Onore tutto mio» le rispondo sorridendo. Iniziamo a parlare, di lei, dei miei progetti, del suo rapporto con Milano, e non posso fare a meno di notare quanta bontà ed energia emana dal suo sorriso.

Intanto un ragazzo esile seduto alla mia destra prende coraggio: «Non ci posso credere! Sono seduto vicino al mio artista preferito!».

Anche lui dimostra una fiera gentilezza, quasi d'altri tempi. Gli domando cosa fa. Si è trasferito da un mese a Milano per studiare all'università. Ho una stretta al cuore, vorrei rassicurarlo e incoraggiarlo. Le persone in viaggio verso il proprio sogno vanno sempre protette.

Coinvolgo nella discussione la signora: «Non è vero che Milano è una città splendida? Difficile ma splendida».

La signora sorride e inizia a parlare con il ragazzo. Io rifletto su come la Musica sia stata motivo di incontro.

Chiedo al ragazzo: «Cosa studi all'università?».

«Ingegneria informatica. Mi occupo di Intelligenza Artificiale.»

«Fantastico! Pensi sia possibile costruire un computer pensante dotato di coscienza?»

«Io ne sono convinto e non siamo molto lontani dal risultato, ma prima dobbiamo fare nostra una verità scomoda...»

«Quale?»

«Che il cervello umano altro non è che una macchina. Una volta riconosciuta questa idea non sarà difficile costruire un computer simile a esso.»

A questo punto la signora lo interrompe, sorridente ma decisa: «Senti, io ho lavorato quarant'anni in Ibm e ti posso assicurare che un computer altro non è che un pezzo di hardware, soltanto un mezzo a disposizione dell'uomo. Era il nostro motto, in azienda!».

La signora e il ragazzo continuano a discutere con convinzione sull'Intelligenza Artificiale e le persone intorno seguono con molta attenzione. Si parla di un teorema per cui è impossibile per principio che un computer possa autoprogrammarsi, indipendentemente dal livello di progresso tecnologico raggiunto. Una ragazza sembra sul punto di intervenire, si stringe le dita nervosamente. So cosa vorrebbe dire: l'uomo non è una macchina, ma un'entità misteriosa, poetica e creativa.

La signora sentenzia divertita alzando il dito: «Un computer non sarà mai intelligente come un uomo, ma è possibile che un uomo sia più stupido di un computer!».

Tutti sorridono e arriva la mia fermata.

Non mi importa chi abbia ragione. So soltanto che nel luogo più triste e anonimo del mondo, due generazioni si sono confrontate in modo spontaneo sull'Intelligenza Artificiale e sono troppo contento che questa conferenza in metropolitana si sia scatenata indirettamente a causa mia. Di cosa è capace la Musica!

Vado al centro assistenza per ritirare il mio portatile. Chiedo subito alla ragazza al desk se è pronto il mio computer e soprattutto se è possibile costruirne uno in grado di pensare. Lei è imbarazzata: nessuno le ha mai fatto una domanda simile. Mi spiega che i computer della mia marca sono molto avanzati rispetto agli altri.

«Non è il mio caso, visto che sono sempre qui a farlo riparare!» Sorridiamo. Voglio parlare con un tecnico. Me lo chiamano.

Stessa domanda. È possibile realizzare una macchina in grado di programmarsi, di costruirsi, di essere autonoma?

«Ci sono computer in grado di autoripararsi.»

«Questa per me sarebbe una benedizione!»

Faccio una ricerca su quel teorema matematico: il teorema di Gödel. Mi sembra di capire che un sistema matematico non può trovare giustificazione in se stesso ma ha bisogno di un sistema più grande che lo comprenda. Quindi un computer avrà sempre bisogno di qualcosa di esterno che gli imponga delle direttive.

L'argomento ha contagiato tutti e persino il mio staff durante il viaggio per Berlino continua a discutere sull'Intelligenza Artificiale.

Si arriva alla conclusione che l'uomo è l'unica entità capace di coscienza. Di dire cioè: «Io sono!». E sinceramente non ce lo vedo un computer a essere cosciente della propria esistenza, a meno che non sia stato programmato... a far finta di esserlo!

Ripenso al ragazzo esile e al suo desiderio di ridurre l'uomo a una macchina. Ciò che si oppone al suo piano è l'esistenza di un'anima, di un *quid* che va al di là di ogni spiegazione e di ogni conoscenza sensibile. Insomma, la vedo dura per l'Intelligenza Artificiale, e semmai fosse davvero un traguardo, a giudicare dal mio computer che si rompe sempre, è ben lungi dall'essere vicino!

Chiedo comunque scusa al mio computer, con cui ho scritto anche questo libro.

La pacifica invasione

Milano, 14 luglio 2007

Dalla terrazza dell'Arengario vedo dall'alto piazza del Duomo.

Mancano tre ore all'inizio del concerto.

Ho appena finito un'intervista televisiva e mentre i tecnici portano via le telecamere, mi appoggio alla balconata e guardo giù. Eccoli. Ce ne sono già diverse centinaia. O forse di più. Non so contarli. Il pianoforte quasi non si vede per quanto è piccolo, rispetto alla grandezza della piazza.

È un sogno... spaventoso.

Resto da solo a guardarli, con le mani strette, mentre piano piano ma inesorabilmente, riempiono la piazza.

I giornali l'avevano anticipato: è la «pacifica invasione degli alleviani».

Ragazzi provenienti da tutta Italia, e non solo, si sono organizzati da mesi per venire ad ascoltare la mia musica, in un luogo esageratamente grande e speciale.

Anche le telecamere dei telegiornali sono venute. Un concerto di pianoforte solo con un pubblico di cinquantamila persone è un evento epocale. Posso capire un divo del rock, una star del pop, ma un pianoforte solo non è normale! Non lo dico per me, ma per voi che piano piano state occupando ogni minimo spazio della piazza: voi non siete normali!

L'invasione degli «alleviani» ha il sapore e il fascino di un film di fantascienza.

Ora ho capito! Siete degli extraterrestri! Altrimenti non si spiega come sia possibile!

Ecco, la piazza è piena. Tra poco tocca a me, ma voglio soffermarmi per qualche istante ancora a riflettere.

Li chiamano fan.

Questa parola non mi è mai piaciuta, perché reca in sé il significato del fanatismo e un dislivello dei piani: da una parte l'artista e, in un gradino «sotto», il pubblico.

No, non va bene così, con me non è andata così.

Ognuno di loro, ogni puntino che vedo da qua, è un universo di emozioni, di storie, di esperienze e sogni, che mi hanno voluto regalare. Io sono solo un umile pretesto, un modo per farli incontrare. Ognuno di loro è stato in grado di amare. Sì, perché venire qui è un gesto d'amore nei confronti della mia musica, e quindi nei miei confronti.

Un solo individuo capace di un amore per me infinito, tutto moltiplicato per cinquantamila, fa un risultato extraterrestre, che la mia testa non riesce a contenere. Ma da adesso in poi la mente deve farsi da parte per lasciare campo libero al cuore.

Io... vi voglio bene. Ecco cosa penso guardandovi da qua.

Intanto il sole è sceso e le luci sul palco illuminano il pianoforte, mentre la facciata del Duomo risplende di eterna bellezza.

Eravate solo in cinque, nel mio primo concerto a Napoli, e per molti anni, pochi di più.

Poi è accaduto qualcosa, una concomitanza di motivi... e il mio cuore è entrato in contatto con il vostro.

Le prime e-mail... Resto estasiato nel leggere i messaggi, così pieni di vita, di sensibilità.

E poi centinaia e centinaia di e-mail, ogni giorno di più. Ognuna un mondo, profondo e intenso. Io cerco di rispondere a tutti e inizio a tralasciare il sonno per stare davanti a un computer, con tutta la mia attenzione, riconoscente. Voi state trasformando il mio sogno in realtà, mi avete regalato una speranza. Sono lacerato, perché non riesco più a rispondere a tutti e provo una stretta al cuore pensando che anche una sola di quelle voci possa restare inascoltata.

Come si fa a dire che viviamo in tempi bui? Come si fa a parlare in modo così superficiale dei giovani di questo nostro tempo? Come si fa a disconoscere la purezza di cui sono capaci, la bellezza poetica dei loro pensieri?

Vivono, amano! Come me, lontani dalle certezze, ma per questo immersi in un'avventura quotidiana, in continuo contatto con il mistero dell'esistenza.

Emozionarsi. Sentire. Queste sono le parole chiave del nostro tempo. Ricominciare a sognare e a inseguire il sogno con tutte le forze. Regalare emozioni e riceverne. Volare alto. Altissimo!

Se da una parte la rottura delle certezze ha creato sgomento e senso di insicurezza, dall'altra ecco farsi strada, nei ragazzi, la rinascimentale sfida a essere di nuovo artefici del proprio destino.

Anche se non è ancora attaccata l'amplificazione, sento il rintocco monotono e cadenzato dell'accordatura. È un segnale inequivocabile per il mio corpo, che cattura la mia attenzione e richiama l'adrenalina ai muscoli.

Davide, l'accordatore, sta preparando per me il pianoforte.

Suo padre Sergio è un'autentica autorità dell'accordatura. È invitato in tutto il mondo per trasmettere l'idea di un pianoforte espressione dell'umanità, vibrante, fragile e intensa.

Vado spesso a trovare il signor Sergio, che ormai mi segue da molti anni. È buono. Ci prendiamo un tè al bar e parliamo di musica e di pianoforte. Lui ha seguito, da una vita intera, tutti i più grandi pianisti del mondo e ha una visione talmente spirituale dell'esistenza che ogni volta parlare con lui è una boccata d'ossigeno.

Il martelletto, per produrre una nota, percuote tre corde intonate alla stessa altezza. Una macchina è in grado di ottenere dalle tre corde tre suoni perfettamente identici. Ma così il suono risultante perde vita e interesse. Il suo intento, invece, è di conferire loro una sottile differenza. In questo modo il suono risultante è un'onda che si frantuma, si modifica nel tempo, vive più a lungo, come la fiamma di una candela. Un suono imperfetto, stando al giudizio di una macchina, ma è la sua imperfezione a renderlo unico e comunicativo. In altre parole: umano.

Il nocciolo dell'umanità è l'essere imperfetti. E allora basta con la perfezione! Noi siamo esseri imperfetti e per questo straordinariamente belli!

Adoro il pianoforte: perché sublima la mia imperfezione.

Credo che il successo non dipenda dai numeri, dalle copie vendute, dagli applausi, ma dalle domande. Ciò che è veramente importante non crea un immobile consenso, ma discussione e curiosità verso il nuovo. E il nuovo ha successo quando è discusso.

Il nuovo...

Tutte le arti hanno saputo rinnovarsi e hanno vinto la paura del nuovo. Nella letteratura è normale che un giovane scrittore riceva attenzione per il suo romanzo, così come in pittura i protagonisti della contemporaneità sono i giovani artisti che con le loro visioni scandiscono il nostro tempo.

Solo la musica è sempre più ripiegata sul passato, perché creare il nuovo è un gesto di irriverenza nei confronti della tradizione. Mille volte nei conservatori ho sentito dire che «è inutile scrivere musica, tanto è stato già scritto tutto». Una frase pericolosissima. La tradizione va studiata, capita, compresa a fondo, affinché da questa possa scaturire il nuovo, non per arrendersi a essa e contemplarla in tutta la sua schiacciante bellezza.

Un altro pregiudizio diffuso, con cui sono cresciuto, è che il nuovo in musica non interessa a nessuno e ha molta più difficoltà a essere riconosciuto, rispetto a un'opera del passato, ormai entrata nell'immaginario collettivo.

Eppure voi cinquantamila questa sera avete detto sì al nuovo!

Quando una società mostra attenzione e passione per la propria arte contemporanea vuol dire che è protesa verso il futuro e che sta vivendo il proprio tempo in modo verace, diretto.

Vengono a chiamarmi. È ora!

Mi portano dietro al palco, dove contro le transenne stanno i più affezionati, che sono arrivati già dal pomeriggio, incuranti del sole a picco e del caldo insopportabile. Mi riconoscono e mi salutano a gran voce. Sono entusiasti e felici.

Non sembra un concerto di pianoforte, ma un concerto rock! Ma sono solo, senza batteria, senza chitarra distorta, senza un testo da urlare. Non ci sono effetti speciali.

Solo dita, fantasia e un pianoforte. L'essenziale.

Salgo. Le luci del palco mi impediscono di vedere bene fino a dove arriva il pubblico, ma il suono dell'applauso è inconfondibile e meraviglioso.

Che bello l'applauso!

Sono terribilmente sensibile all'entusiasmo del pubblico e spesso è il primo applauso a dare il La al concerto.

Qualche volta mi è anche capitato di essere accolto con una certa freddezza, per lo più nelle città dal passato artistico glorioso. Come se il mio concerto, espressione della contemporaneità, fosse vissuto come una minaccia alle certezze acquisite e il passato fosse un baluardo da ostentare e difendere a tutti i costi.

Non posso dimenticare un importantissimo teatro storico in una città di provincia, che registrò in un lampo il tutto esaurito durante uno dei miei ultimi tour. Notai che in platea c'era un'intera fila di ragazzi sui vent'anni, con le braccia conserte, che non concessero un applauso per tutta la durata del concerto. Studenti del conservatorio locale. Un esempio di «detrattori». Non potevano passarmi inosservati con il loro atteggiamento quasi di sfida.

E quando alla fine è venuto giù il teatro, con i ragazzini che urlavano dai palchetti e il resto del pubblico in platea tutto in piedi, si guardavano intorno smarriti e per non fare brutta figura hanno dovuto accennare anche loro un applauso.

Un po' li capisco.

Si studia per anni e anni. Si insegue un ideale di perfezione irraggiungibile. Poi iniziano i corsi di perfezionamento, nella speranza di entrare nelle grazie di qualche potente. Arrivano i primi concerti, le prime soddisfazioni, magari il posto di insegnante... Ma senti che il mondo è altrove, che i tuoi immensi sacrifici non vengono riconosciuti. I grandi concertisti sono pochi, sempre gli stessi, pilotati da logiche di agenzia. E arriva l'ansia.

È più facile prendersela con me, perché ho alterato il sistema, non mi sono arreso a esso, creandone uno tutto nuovo, parallelo e vero, che ha messo in dubbio le loro poche ultime certezze.

Forse non riflettono sul fatto che anche io ho affrontato gli stessi duri anni di sacrifici, le stesse battaglie, delusioni, speranze. Ma sono convinto che la mia «piccola grande rivoluzione culturale» ha scatenato un rinnovato interesse di centinaia di migliaia di giovani per il pianoforte, la composizione, la musica contemporanea, preparando il campo all'accoglienza di nuove forze creative, magari anche le loro. Stiamo a vedere.

Osservo il mare di persone. Prendo il microfono e inizio la presentazione del primo brano dell'album *Joy*, che sto per eseguire.

Presento sempre il concerto con brevi frasi, sempre le stesse, senza alcuno scopo pedagogico o didascalico, per la necessità umana di trovare il contatto con il pubblico. Cerco di farlo anche nei Paesi stranieri e sono ormai celebri nel mio staff le mie frasi in cinese, per l'esattezza in cantonese e in mandarino, ma anche in tedesco e in francese, che ripeto a memoria in tutte le prove per non dimenticarle. Ci sono affezionato.

Poso il microfono nell'angolo interno destro del pianoforte, accarezzo i tasti e gli sussurro: «Fai il bravo». Inizio a suonare *Panic* e in piazza del Duomo scende un silenzio irreale. L'unico rumore è il tram, laggiù, in via Torino.

Arriva l'imprevisto.

Si spegne una lampada, un riflettore alla mia sinistra. Può accadere.

La tastiera viene invasa dall'ombra e i tasti neri formano un unico e indistinto rettangolo.

Non ho scelta.

Potrei alzarmi, scusarmi e aspettare che il problema tecnico venga risolto, ma non fa parte della mia natura. È come se stessi pregando, non posso fermarmi. Lo stomaco mi si chiude per il terrore, avere la tastiera perfettamente illuminata è per me una priorità assoluta.

Decido di affidarmi alla memoria tattile. Chiudo gli

occhi e ricostruisco il profilo della tastiera nella mia mente. Vado avanti così e mi isolo da tutto. Per non avere paura devo non pensare, e per riuscirci trovo giovamento nel lasciarmi avvolgere fisicamente dalle note. Mi chino ancor di più in avanti.

Perdo il senso dello scorrere del tempo: sono totalmente immerso nella musica. Ogni volta quelle note liberano su di me le stesse emozioni, anche amplificate, ed è per questo che amo suonare sempre le stesse composizioni.

È ora di *Downtown*, un brano dedicato a Milano, alla città in cui, lontano dalla sicurezza della famiglia, mi trovo a condividere il destino di quell'umanità dispersa e gettata nell'esistenza, in una metropoli dai mille volti in cui il mio sogno ha iniziato a realizzarsi.

E quando questo avviene, scopro di amarli quei sacrifici, quell'essermi ritrovato improvvisamente solo in un monolocale a trent'anni, senza un lavoro e con «l'Everest da scalare»; quel posare la matita, esausto, sulla partitura, a notte fonda, e scoprire di avere ancora il pigiama, la barba non fatta e la colazione fredda sul tavolo della cucina.

Che emozione suonare *Downtown* proprio qui. Non riesco a trattenere le lacrime.

Quel primo concerto al Teatro delle Erbe, quella volta al conservatorio, anni dopo, quando vidi più di mille persone fare la fila per me sotto la neve, in mezzo al ghiaccio...

Come si fa a non amare Milano!

L'emozione si scioglie, i cinquantamila mi tributano il privilegio dell'attenzione e le esecuzioni sono intervallate da un applauso che ha un suono unico e invadente, che sento dalla testa alla pancia.

Il concerto termina.

Voglio incontrare tutti, salutare tutti uno a uno!

«Giò... sei matto?» mi dice Stefano, il fonico, con il sorriso di chi sa che non sto scherzando.

Incontro sempre le persone dopo il concerto. In media sto un'ora e mezza con loro, per la «gioia» del personale dei teatri.

Ragazze, ragazzi, bambini, adulti, anziani: abbraccio tutti, scambio due parole con tutti, con il pretesto dell'autografo. È strano, perché sono molto introverso e riservato per natura. Ma quando mi trovo in preda all'ebbrezza della musica, posso sentirmi in sintonia con l'umanità, e uno degli effetti più belli è che riesco a guardare negli occhi ridenti delle persone e regalare loro il mio sorriso.

Non c'è seduzione, è un amore puro e reciproco.

Sotto la facciata del Duomo, circondato dagli uomini della sicurezza, inizio a incontrare le persone, ma questa volta sono davvero troppe e così decido per una passeggiata veloce lungo le transenne.

È un incontro di mani e di sguardi.

Sono già passati alcuni mesi.

Ogni tanto torno in piazza del Duomo e osservandola non posso non sospirare.

L'ho vista tante volte in cartolina, ma per me, ora, è un luogo extraterrestre: è il punto X dell'universo dove i pacifici alleviani, a luglio, si sono dati appuntamento!

L'Era dell'Emozione

È un movimento dall'ideale al reale, quello della mia musica: dalla testa alle dita, e da lì al mondo, attraverso il cuore e le emozioni.

Un movimento per deduzione verso cui ormai ho familiarità.

Ed è stato questo meccanismo dirompente a sconvolgere la mia esistenza e a creare intorno a me cambiamenti che non avrei mai pensato possibili, soprattutto in un'epoca buia, o apparentemente tale, come la nostra.

Mi chiedo a questo punto cosa sia il mondo, se non la conseguenza e la proiezione di un sogno, di un disegno ideale, di una visione concepita nel nostro intimo.

Non un limite, davanti a me, oggettivamente insormontabile, ma lo scenario in cui l'ideale progressivamente si incarna, per me la Musica, ma per chiunque altro il progetto realizzato della propria aspirazione, la massima espressione della propria natura.

Un Nuovo Rinascimento è alle porte.

Proprio in un'epoca buia, fatta di meccanismi inceppati, di sistemi saturi e non più sicuri, siamo costretti a tornare alla sorgente del nostro agire: la spinta ideale, il sogno, la visione, per prendere di nuovo in mano le redini del nostro destino, metterci in gioco e vedere il disegno realizzarsi, qualunque esso sia, poco per volta.

L'esistenza si trasforma in un'avventura e ciò che si costruisce cresce, anche se di un solo millimetro all'anno. Tornano a far parte di noi l'entusiasmo, l'ebbrezza della sfida agli impedimenti reali, la relatività della ricchezza materiale e la scoperta del genio, un concetto che sembrava relegato a un passato remoto. La scoperta anche di una cospirazione divina, che finisce per premiare chi più crede nelle proprie idee, attraverso l'inaspettato aiuto di energie e forze esterne.

A intuire tutto ciò in maniera forse inconsapevole, ma per questo autentica, sono le nuove generazioni.

I ragazzi, soprattutto europei, oggi vivono il crollo della società dell'immagine, sperimentando sulla propria pelle tutta l'inconsistenza del suo abbaglio e ritrovandosi ingolfati in un mondo vecchio e saturo ricominciano a desiderare di volare alto, di incontrarsi senza barriere o filtri, di esprimere il proprio universo emotivo e creativo da contrapporre alla desolazione esterna.

Basta saperli ascoltare, facendo tesoro dell'ingenuo candore non ancora minacciato dall'inevitabile disincanto dell'età adulta, per fare un bagno nella loro smisurata creatività, nell'ingegno poetico dei loro pensieri, nella voglia di una vita autentica all'insegna dell'unica verità: l'emozione.

Le nuove generazioni trascineranno il mondo verso un Nuovo Rinascimento.

Il mondo non è fatto in un unico modo. Non è così come ce lo descrivono, non è bello o brutto, generoso o avaro. Tutto dipende da come lo si vede e dalle domande che sappiamo porgli, da ciò che da esso vogliamo fortemente.

Il Novecento è stato il secolo della mitizzazione del pensiero scientifico, dell'idea che la ragione potesse spiegare tutto. Ma il mito della concettualità e del tecnicismo ha ingabbiato l'uomo in un eccesso di pensiero, lo ha sottoposto a rigide catalogazioni razziali, a ideologie sommarie, gettandolo nella spersonalizzazione e nella violenza. Il Novecento è stato il secolo più violento della Storia: una violenza progettata in camice bianco nella sala dei bottoni di un laboratorio.

È la ragione l'origine della violenza, perché da essa scaturiscono la differenza e la pretesa di conoscere ciò che in realtà è mistero.

Ora, finalmente, entriamo nell'Era dell'Emozione.

L'individuo trova rifugio nella sua parte più pura e profonda, quel magma misterioso da cui sgorgano le nostre aspirazioni, che parla il linguaggio della poesia, dei suoni, del corpo e dei colori, in altre parole dell'Arte.

L'emozione è il linguaggio attraverso cui si comunica con sincerità, mettendosi a nudo, senza timore di mostrarsi fragili e indifesi, perché la fragilità è la nostra forza, in un mondo trascinato dalla ragione verso la competizione estrema.

Allora vorrei che il nucleo caldo delle emozioni, dei sogni e dei desideri di ognuno fosse protetto, mai giudicato, lasciato libero di esprimersi e di creare nel mondo dei cambiamenti sconvolgenti, così come è accaduto a me.

È quindi necessario creare una nuova arte contemporanea, che sia espressione del nostro tempo.

Essa deve trarre origine dal magma emotivo e, attraverso rinnovate forme strutturali, disegnare i canoni di una nuova bellezza, da tutti condivisibile.

È importante! L'Arte non è un fatto occasionale di cui potremmo fare a meno, ma ha la forza di colorare il mondo in cui viviamo, facendoci sentire a casa e ponendoci in diretto contatto con la contemporaneità. L'Arte ci regala la consapevolezza della nostra identità culturale, delle nostre origini e del posto che occuperemo nella Storia, e grazie a essa l'uomo non si sentirà disperso in forze e dinamiche esterne che non gli appartengono, come scelte politiche di parte e movimenti finanziari oscuri.

La nuova Arte è semplice e immediata, ma la sua semplicità è complessità risolta, frutto di un lavoro durissimo. Il passaggio attraverso la complessità e la grandezza del passato è necessario affinché una nuova bellezza risplenda nel presente, senza scadere nel facile e nel banale, alla portata di tutti.

Solo da una comprensione profonda del passato può scaturire qualcosa di significativo per il futuro. Tuttavia i grandi artisti della Storia, la cui maestà è giustamente perpetuata nelle Accademie, rischiano di schiacciare le nuove energie creative, scoraggiandone ogni minimo passo, interpretato come un gesto di grande irriverenza e presunzione.

Ma il presente è sempre fresco e inedito, ogni secondo della nostra attuale esistenza non è stato ancora mai vissuto e ogni momento è l'occasione per creare qualcosa di nuovo. Solo da uno studio accademico durissimo può scaturire il nuovo e l'Accademia deve trovare la forza di cambiare dal suo interno, affrancarsi dalla sicurezza del contatto con il passato glorioso e spalancare le finestre della torre d'avorio, per ristabilire un contatto con il mondo.

Se ripenso alla mia storia, allo studio e ai sacrifici sulle partiture, al mio voler contrapporre all'Accademia, in cui sono cresciuto, una nuova musica, mi rendo conto, con un sorriso, che in realtà sono io l'Accademia, incarnazione del suo urgente e inevitabile desiderio di cambiamento.

La nuova musica classica contemporanea, fresca, emotiva, vivace e contagiosa, a partire dal confronto con i grandi compositori che tutti conosciamo, riceve l'impulso a distaccarsene per affermare le proprie idee, senza l'ansia di essere originale a tutti i costi, perché la musica procede per evoluzione, non per drastica rivoluzione.

Solo così si potrà condividere l'esperienza emotiva del presente e al tempo stesso venire in contatto con una grandezza dalle origini antiche, riproposta in forme attuali.

Non è vero che è stato già scritto tutto. Chi lo afferma confonde l'ipotetica saturazione artistica del nostro tempo con la mancanza di idee nella propria testa!

Molte volte mi è stato detto: «Ma chi te lo fa fare?». Imbarcarmi in un sogno più grande di me, sfidare le mie paure, espormi e affrontare il giudizio altrui. Le persone spesso ti scoraggiano per un eccesso di protezione, o peggio ancora perché riversano su di te le proprie paure e insicurezze.

Chi me lo ha fatto fare? Un desiderio travolgente, impellente, che non mi ha mai abbandonato neanche quando tutto sembrava perduto.

E allora mi sento di dire che il Rinascimento è anche la ritrovata fiducia nelle capacità dell'uomo nella sua sfida ad affrontare le difficoltà del mondo, e a superarle, purché il suo cammino sia sempre illuminato e ispirato dalla scintilla del sogno.

Mi è stato chiesto se sono credente. Certo che lo sono! Non potrebbe essere altrimenti. Chiunque affronti un'attività artistica e creativa entra in diretto contatto con il mistero delle cose. E scopre che la quotidianità, privata del disincanto grazie all'Arte, è capace di regalare squarci di senso e lampi di divino.

Dall'immensità emotiva dell'uomo al baratro di una Trascendenza il passo è breve, ma per umiltà decido di restare al confine, a osservare il mondo con gli occhi della Musica, con instancabile e inesauribile stupore.

Indice

Finito di stampare nel mese di aprile 2009 presso
il Nuovo Istituto Italiano d'Arti Grafiche - Bergamo

Printed in Italy

RCS Libri

ISBN 978-88-17-03124-0